本书受到教育部人文社会科学研究规划项目"员工跨界行为的前因组态及其对创新绩效的双刃剑效应研究"（21YJA630118）以及山西省"1331工程"工商管理一流学科建设项目的资助和支持

员工跨界行为的形成及其对创新绩效的作用机制研究

张　征　著

中国财经出版传媒集团
中国财政经济出版社

图书在版编目（CIP）数据

员工跨界行为的形成及其对创新绩效的作用机制研究／张征著．—北京：中国财政经济出版社，2022.11

ISBN 978-7-5223-1729-8

Ⅰ.①员⋯ Ⅱ.①张⋯ Ⅲ.①职工－行为－影响－企业创新－企业绩效－研究－中国 Ⅳ.①F241 ②F279.23

中国版本图书馆 CIP 数据核字（2022）第 200024 号

责任编辑：张晓丽　　　　　责任印制：刘春年
封面设计：孙俪铭　　　　　责任校对：徐艳丽

员工跨界行为的形成及其对创新绩效的作用机制研究
YUANGONG KUAJIE XINGWEI DE XINGCHENG JIQI DUI CHUANGXIN
JIXIAO DE ZUOYONG JIZHI YANJIU

中国财政经济出版社 出版

URL：http://www.cfeph.cn
E-mail：cfeph@cfeph.cn

（版权所有　翻印必究）

社址：北京市海淀区阜成路甲 28 号　邮政编码：100142
营销中心电话：010-88191522
天猫网店：中国财政经济出版社旗舰店
网址：https://zgczjjcbs.tmall.com
北京财经印刷厂印刷　各地新华书店经销
成品尺寸：170mm×240mm　16 开　14.5 印张　185 000 字
2022 年 11 月第 1 版　2022 年 11 月北京第 1 次印刷
定价：50.00 元
ISBN 978-7-5223-1729-8
（图书出现印装问题，本社负责调换，电话：010-88190548）
本社质量投诉电话：010-88190744
打击盗版举报热线：010-88191661　QQ：2242791300

前　言

随着环境的不确定性和竞争性加剧,组织的发展受到诸多挑战。越来越多的管理者意识到自身能力和内部资源的不足,难以实现组织可持续发展。他们鼓励员工跨越组织或团队边界,与外界利益相关者建立联系,获取必要的资源和支持。员工跨界行为有助于实现组织目标和任务,提升员工的绩效和声誉。正所谓"无跨界,不成功"。因此,员工跨界行为成为理论界和实务界关注的重要议题。

已有研究围绕着员工跨界行为的影响因素与实施效果开展了较为深入的探讨,这为后续研究的开展奠定了基础。然而,这些研究仍存在着一些不足之处,并呈现出"三多三少"的特征,即团队跨界行为的相关研究较多,而员工跨界行为的形成机制研究较少；员工跨界行为对任务绩效影响的研究较多，而对创新绩效影响的研究较少；员工跨界行为的截面研究较多，而追踪研究较少。这些研究不足若不及时解决，将不利于该领域知识的积累，进而不利于员工跨界行为研究进程的推进。鉴于此，本书以资源保存理论为基础，通过两项实证研究来探讨员工跨界行为的形成及其对创新绩效的作用机制，从而回答"员工跨界行为是怎样形成的，及其如何对创新绩效产生影响的"问题。

实证研究一：基于环境不确定条件下，考察谦逊型领导通过基于组织的自尊，进而对员工跨界行为产生影响的问题。该研究通过两个时点的问卷调查，以4家科技企业的276名员工为样本，探讨了谦逊型领导对员工跨界行为的影响机制，尤其是基于组织的自尊的中介作用和环境不确定性的调节作用，层级回归结果表明：谦逊型领导对员工跨界行为具有显著的正向影响；基于组织的自尊在谦逊型领导和员工跨界行为之间起部分中介作用；环境不确定性调节谦逊型领导和基于组织的自尊之间的关系，即环境不确定性越高，谦逊型领导和基于组织的自尊之间的正向关系越强；环境不确定性调节基于组织的自尊在谦逊型领导和员工跨界行为之间的中介效应,即环境不确定性水平越高,基于组织的自尊在两者之间的间接关系越强。

实证研究二:基于团队差序氛围这一具有中国文化特色的团队情境下,考察员工跨界行为如何通过工作意义感,进而对创新绩效产生影响的问题。该研究通过两轮问卷调查,共获取211套领导和下属的配对数据,并采用层级线性模型对研究假设进行检验。结果显示,员工跨界行为和创新绩效存在正相关,工作意义感在两者之间起部分中介作用,团队差序氛围负向调节员工跨界行为和工作意义感之间的关系。

本书有助于揭示谦逊型领导对员工跨界行为作用的内在过程和边界条件,进一步打开了员工跨界行为对创新绩效作用机制的"黑箱",并从文化情境视角揭示了员工跨界行为作用的有效性。研究结论有助于为管理者激发员工跨界行为,进而提升员工创新绩效提供一定的管理启示。

目 录

第1章 绪论 …………………………… 1
1.1 研究背景 …………………………… 3
1.2 问题提出及研究框架 …………… 6
1.3 研究意义 …………………………… 8
1.4 研究方法 …………………………… 11
1.5 技术路线及章节安排 …………… 12

第2章 理论基础与文献综述 …………… 17
2.1 资源保存理论 …………………… 19
2.2 谦逊型领导 ……………………… 22
2.3 员工跨界行为 …………………… 39
2.4 基于组织的自尊 ………………… 52
2.5 环境不确定性 …………………… 64
2.6 工作意义感 ……………………… 75
2.7 员工创新绩效 …………………… 89

2.8 团队差序氛围 …………………… 98

第 3 章 员工跨界行为的形成机制：谦逊型领导的视角 …………………… 111

3.1 问题提出 …………………… 113
3.2 研究假设 …………………… 116
3.3 研究方法 …………………… 123
3.4 数据结果分析 …………………… 126
3.5 结论与讨论 …………………… 134

第 4 章 员工跨界行为对创新绩效的作用机制研究 …………………… 143

4.1 问题提出 …………………… 145
4.2 研究假设 …………………… 147
4.3 研究方法 …………………… 152
4.4 数据结果分析 …………………… 155
4.5 结论与讨论 …………………… 160

参考文献 …………………… 166

附录 1 研究一调查问卷量表 …………………… 218

附录 2 研究二调查问卷量表 …………………… 220

后记 …………………… 222

第 1 章

绪 论

第1章 绪 论

1.1 研究背景

1.1.1 现实背景

2017年马云在云栖大会上曾说,"只有敢跨界,我们才能成功"。事实上,近年来除了阿里在进行跨界,其他许多企业都在尝试跨界,比如,万科牵手淘宝卖房等。跨界似乎已成为时代不可阻挡的潮流(陈云,杜鹏程,2019)。此外,随着新冠肺炎疫情的暴发,许多企业从社会责任的角度出发,对公司业务做了相应的调整与改变。比如,富士康、比亚迪、五菱、OPPO、VIVO以及上汽通用等企业,均在疫情期间发挥其制造业的优势,临时改变生产线用于生产急缺的医用口罩等;以红豆、三枪、鄂尔多斯、水星家纺等为例的服装纺织企业跨界转战生产防护服;以珈蓝集团等为例的美妆企业纷纷跨界转产抑菌洗手液,甚至有企业变更经营范围,增加了消毒用品等相关业务。除了因缓解医疗防护物资的紧缺而跨界的企业之外,还有一些企业看准了人们对于日常生活物品,尤其是生鲜蔬果肉禽的需求,积极转战生鲜电商行业。比如,以中石化跨界卖菜为例,针对疫情暴发期间的暴露风险,中石化联合中国银联共同在"易捷"加油APP推出"无接触卖菜"营销活动,车主只需在APP页面选购自己所需的生鲜产品,线上支付后,加油站员工会将选购好的物品直接打包放入后备箱,真正实现了"无接触"购物。不仅中国企业在跨界,随着疫情席卷全球,很多国外企业也意识到疫情即将带来的影响，陆续开始了跨界，如法国奢侈品集团 LVMH 也将原来的香水生产线改为消毒用品线。在这次抗疫期间，无论是为了承担社会责任主动跨界防疫物品的企业，还是看准市场需求积极跨界生鲜电商的企业，不难发现，跨界行为在新型消费和升级消费中所发挥的积极作用。

越来越多的实践表明，随着乌卡时代（VUCA）的到来，企业只有勇于跨越组织边界，与外界利益相关者（如关键顾客、专家、政府等）建立互动和联系，获取企业所需的外部资源与信息，并为自己所用，才能在不断变化的外部环境中得到生存和发展。而员工作为企业的基本构成单位，且他们身处市场一线，对市场需求具有较高的敏感性，许多企业逐渐认识到了员工跨界行为（Boundary Spanning Behavior）的重要性，他们鼓励员工开展跨界，通过主动与外部行为主体建立互动和关系，搜寻所需的外部异质性资源和信息，提升个体创新绩效（Zhang & Li, 2021），进而助力企业实现创新与可持续发展水平的跃迁。因此，如何激发员工的跨界行为并了解员工跨界行为对创新绩效等工作产出的影响成为企业管理者热切关注的话题。

1.1.2 理论背景

跨界行为的相关研究源于 20 世纪 50 年代，国外学者基于开放视角的组织理论指出，组织作为一个系统必须与外界保持互动（Boulding, 1956）。随后，相关学者将跨界行为引入到组织与外部环境的关系的研究中。研究表明，尽管环境会对组织产生约束和限制，但组织通过跨界行为来影响环境、甚至改变环境，以提高组织的外部环境适应力（Aldrich & Herke, 1977）。随着组织扁平化的趋势加剧，团队作为组织工作的基本单元，越来越多的学者将研究目光聚焦于团队跨界行为，他们围绕着团队跨界行为的前因和结果开展了大量的理论和实证研究。例如，Joshi、Pandey 和 Han（2009）对团队跨界行为近 20 年的文献进行梳理和总结，提出了团队跨界行为的多层次前因模型，这一研究深刻地揭示了不同层次因素的协同和匹配对于跨界活动的重要影响。随后，Marrone（2010）通过述评，梳理了团队跨界行为的定义、分类、影响因素和实施效果，在此基础上，提出了团队跨界行为的多水平模型，为后续研究的开展指明了方向。然而，这些研究主要是理论建构型研究，未提供相关的实证结论。随后，许多学者通过实证研究对团队跨界行为的形成和结果开展了探讨。例如，Marrone、Quigley、Prussia 和 Dienhart（2021）探讨了支持型、教练型领导对团队成员跨界行为的影响，发现了团队成员跨界效能感在两者之间的中介作用；同时，团队成员的跨界行为还有助于其工作满意度的提升。在团队跨界行为的结果方面，研究指出，团队跨界行为有助于团队绩效、创新行为或创造力的产生（Ancona & Bresman, 2007; Chen et al., 2013; Somech & Khalaili, 2014；臧维等，2019；朱金强等，2020）。然而，相较于团队跨界行为研究的蓬勃发展，个体层次跨界行为的形成及作用机制仍有待更多的探索（Marrone, 2010；刘松博，李育辉，2014）。

随着 Marrone（2010）等学者对个体跨界行为研究的呼吁，近年来有关该领域的研究成果也得到一定程度的丰富和积累。例如，在员工跨界行为的前因方面，相关研究表明，主动性人格、核心自我评价、促进调节定向、自我监控、跨界效能感、工作价值观（Marrone et al., 2007；陈璐，王月梅，2017；张华磊等，2014；赵修文等，2021）对员工跨界行为具有显著的影响。除个体特征外，还有研究探讨了支持型教练、团队动机氛围、任务复杂性、环境不确定性、团队多样性（如 Joshi et al., 2009; Marrone et al., 2007; Marrone et al., 2021；邓志华，张亚军，2019；杜鹏程，倪敏，2020）等情境因素对跨界行为的影响。在员工跨界行为的结果方面，研究指出，员工跨界行为对任务绩效（崔明明等，

2018；刘松博，李育辉，2014）、创造力（朱金强等，2020），甚至负面情绪（Hodari et al.，2014）等具有一定的影响。上述研究为员工跨界行为知识的积累作出了一定的贡献，然而，相较于国外跨界行为研究和中国跨界实践，中国员工跨界行为的研究仍相对滞后（陈云，杜鹏程，2019）。

纵观现状，我们对员工跨界行为的前因与结果仍知之甚少，这将不利于员工跨界行为相关理论知识的积累，进而无法推动这一领域的进步和发展。归纳起来，该领域的研究存在着"三多三少"的特征，团队跨界行为的相关研究较多，而员工跨界行为的形成及其驱动机制研究较少（邓志华，张亚军，2019）；员工跨界行为对任务绩效影响的研究较多，而对创新绩效影响的研究较少（刘良灿，赵龙英，2019）；员工跨界行为的截面研究较多，而追踪研究较少（朱金强等，2020）。因此，有必要针对员工跨界行为的研究不足加以完善和弥补，从而回应相关学者的研究呼吁。

1.2 问题提出及研究框架

1.2.1 问题提出

本书的研究问题在于：谦逊型领导如何以及何时对员工跨界行为产生影响，以及员工跨界行为对创新绩效的影响的内在过程和边界条件是什么？为了回答上述问题，本书设计了两项实证研究，具体而言：

实证研究一：基于资源保存理论，致力于考察谦逊型领导对员工跨界行为的作用机制，通过引入基于组织的自尊和环境不确定性，回答谦逊型领导如何在不确定的环境的影响下，通过基于组织的自尊的中介作用，进而对员工跨界行为产生影响的问题。

实证研究二：基于资源保存理论，致力于考察员工跨界行为对创新绩效的作用机制，通过引入工作意义感和团队差序氛围，回答"员工跨界行为如何在差序性的团队氛围下，通过工作意义感的中介作用，进而对员工创新绩效产生影响"问题。

总之，本书立足于中国组织情境，基于资源保存理论，分别构建了员工跨界行为的形成机理模型与员工跨界行为对创新绩效的作用机制模型，进而通过实证研究深刻揭示谦逊型领导对员工跨界行为作用的内在过程和边界条件，并进一步打开员工跨界行为对创新绩效作用的"黑箱"和有效性，从而拓展和丰富已有研究内容，推进员工跨界行为研究的进程，并为员工跨界行为的管理提供理论指导和实践启示。

1.2.2 研究框架

本书基于资源视角，通过考察谦逊型领导对员工跨界行为的影响以及员工跨界行为对创新绩效的作用机制，为员工跨界行为的研究作出一定的贡献。具体而言，本书基于中国组织情境，以资源保存理论为理论基础，通过两项实证研究，回答"员工跨界行为是怎样形成的，及其如何对创新绩效产生影响的"问题。其中，研究一是基于环境不确定条件下，考察谦逊型领导通过基于组织的自尊，进而对员工跨界行为产生影响的问题。研究二是基于团队差序氛围这一具有中国文化特色的团队情境下，考察员工跨界行为通过工作意义感，进而对创新绩效产生影响的问题。本书的理论框架如图 1-1 所示。

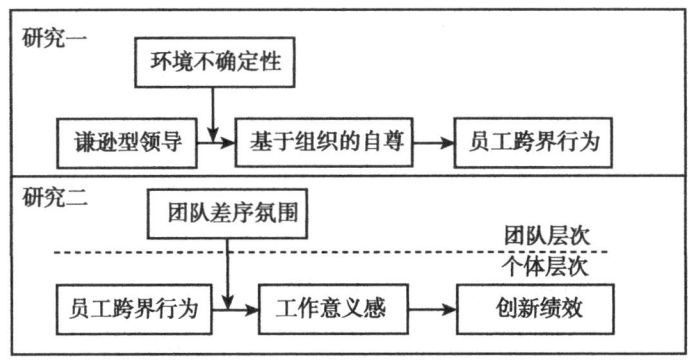

图 1-1 本书的理论框架

1.3 研究意义

1.3.1 理论意义

首先,本书拓展了员工跨界行为的前因研究。已有研究主要探讨了团队跨界行为的前因(Marrone,2010),尽管近年来的研究探讨了核心自我评价、自我监控、主动性人格等个体因素,以及支持型教练等情境因素对员工跨界行为的影响,然而,有关员工跨界行为的影响因素,尤其是情境性前因我们仍知之甚少,从而难以为员工跨界管理实践提供更加多元化的理论指导。鉴于此,本书聚焦于员工跨界行为的情境性前因变量,将谦逊型领导纳入研究框架,通过实证研究发现了谦逊型领导对员工跨界行为的促进作用,从而有力地拓展和丰富了员工跨界行为影响因素的现有成果,并为后续研究的开展提供了一定的启发。

第1章 绪 论

其次，本书揭示了谦逊型领导对员工跨界行为作用的内在过程和边界条件。尽管有不少研究探讨谦逊型领导对员工态度和行为的影响，但是鲜有研究检验谦逊型领导和员工跨界行为的关系，并进一步探索它们之间的内在作用机制（邓志华，张亚军，2019；张征，2021）。以往的研究在解释谦逊型领导影响下属行为的内在机制方面，主要以社会交换理论、社会认知理论和社会信息加工理论等为理论基础。与此不同，本书则基于资源保存理论（Hobfoll，1989），引入基于组织的自尊和环境不确定性，有助于我们从一个相对新颖的视角来解读谦逊型领导作用的内在过程及其边界条件，并在此基础上，构建了一个被调节的中介模型，从而更为完整地揭示谦逊型领导对员工跨界行为的作用机制，并回答谦逊型领导如何以及何时对员工跨界行为产生影响的问题。

最后，本书进一步打开了员工跨界行为对创新绩效作用机制的"黑箱"，并从文化情境视角揭示了员工跨界行为作用的有效性。先前研究主要探讨了员工跨界行为对任务绩效的影响，而有关员工跨界行为对创新绩效的研究仍十分缺乏（Zhang & Li，2021；刘良灿，赵龙英，2019）。鉴于此，本书基于资源保存理论，通过引入工作意义感和团队差序氛围，揭示了员工跨界行为对创新绩效作用的内在过程和边界条件，进一步打开了员工跨界行为对创新绩效作用机制的"黑箱"，并检验了员工跨界行为在中国组织情境下的有效性，从而回答了员工跨界行为是否、如何以及何时对创新绩效产生影响的问题，并丰富了员工跨界行为在中国文化情境下的研究成果。

1.3.2 实践意义

首先，组织应重视谦逊型领导的培养和选拔。由于谦逊型领导会促进员工的跨界行为，因而在尝试从事跨界活动的团队中，领导者可以适当地实施谦逊型领导行为，如向团队成员坦承自身的缺陷和不足，积极地发现他们的优点和贡献，使团队成员在团队中的价值和能力得到认可而受到激励，进而促进团队成员从事跨界活动。

其次，管理者应强化员工对自我价值的积极评价。基于组织的自尊的中介作用则提示我们，个体在团队中的自我价值评估非常的重要，它是员工表现跨界行为更为直接的驱动因素，并且直接主管的作用不容忽视，因此，管理者应多采取认可和赞美的方式来评价团队成员，积极地影响或干预他们对自我价值和能力的评价。

再次，管理者应注重对团队外部环境变化保持关注，从而灵活调整其领导方式。对于那些环境不确定性较高的团队，可以在一定程度上采取谦逊型领导方式来增强员工基于组织的自尊，进而促进员工的跨界行为；而对于那些环境不确定性较低的团队，由于其对外界资源的需求不是太大，从事跨界活动的可能性较小，因此，领导者采取原有的领导方式以保持团队的稳定运行更为合适。

从次，管理者应鼓励员工开展跨界行为，从而有助于个体创新绩效的提升。由于跨界可能需要消耗个体大量的精力和时间，并带有一定的风险性，因此，对于承担跨界角色的员工，管理者应奖励他们，并提供必要的支持，减少开展跨界活动的顾虑。此外，跨界行为可以为个体和团队带来异质性的资源和信息，对于提升个体创新绩效，进而促进团队和组织创新绩效的跃迁具有十分重要的作用，因此，员工也应强化跨界行为能够带来积极影响的认知。

最后，管理者应关注员工的工作意义感，并营造淡薄的团队差序氛围。工作意义感的中介作用提示管理者应注重员工工作意义感的提升，一个有效的途径是鼓励他们承担一定的跨界责任，表现出一定的跨界行为。此外，团队差序氛围的负向调节作用意味着尽管差序格局在中国是一个常见的现象，但是为了提高员工跨界行为的积极作用，管理者应营造淡薄的团队差序氛围。例如，管理者可以通过减少他们差别对待和偏私资源分配的行为,平等地对待下属。

1.4 研究方法

1.4.1 文献研究法

任何研究的开展都要基于对已有研究的了解,因此,开展本书之前需要对本书相关的国内外研究进行梳理和总结,深刻了解这一领域的发展趋势,并找出目前研究的不足之处,从而才能在已有研究的基础上进行一定的创新。本书首先将文献研究作为首要任务,通过 Web of Science、中国知网等数据库对国内外文献的检索和筛选,对本书所涉及的员工跨界行为、谦逊型领导、基于组织的自尊、环境不确定性、工作意义、创新绩效、团队差序氛围等变量进行较为全面的梳理,发现现有研究的不足及可能改进的地方,在此基础上提出本书的研究问题:员工跨界行为受到谦逊型领导的影响吗,其作用的内在过程和边界条件是什么?员工跨界行为是否、如何以及何时对创新绩效有影响?带着这一系列的问题,依据管理学、心理学等诸多学科的经典理论构建了本书的理论模型,并提出相应的研究假设。

1.4.2 问卷调查法

问卷调查法由于具有可获得较大样本、快速有效收集数据、成本低等诸多优点而成为管理学实证研究中较为常用的方法之一。本书采用国内外较为成熟的量表，并采用标准的翻译和回译程序，结合中国语境对西方情境下开发的量表进行调整，形成最终量表。在此基础上，通过多时点的配对问卷调查获取相关研究数据。通过多轮的数据收集方式，一方面可以降低共同方法偏差的影响，另一方面可以进一步明确变量之间的因果关系。研究一主要探究谦逊型领导对员工跨界行为的影响机理。针对该问题，本书以4家科技企业的员工为研究对象，通过两个时点对其进行问卷调查，获取了276名员工数据。研究二主要探究员工跨界行为对创新绩效的作用机制。针对该问题，本书以6家互联网、房地产和咨询等类型的企业员工为研究对象，通过两个时点，获取了46名团队领导和211名团队成员的配对数据。

1.5 技术路线及章节安排

1.5.1 本书技术路线

本书的技术路线总体上遵循"研究问题的提出—理论基础和文献综述—理论模型与研究假设—研究设计—数据分析与假设检验—结论与讨论"的基本思路，技术路线如图1-2所示。

本书首先阐明了研究的现实背景和理论背景。现实背景主要体现在：一方面跨界已逐渐成为时代的潮流；另一方面，新冠肺炎疫情迫使企业跨界，员工作为企业的构成单位，员工跨界成为企业应对外界的挑

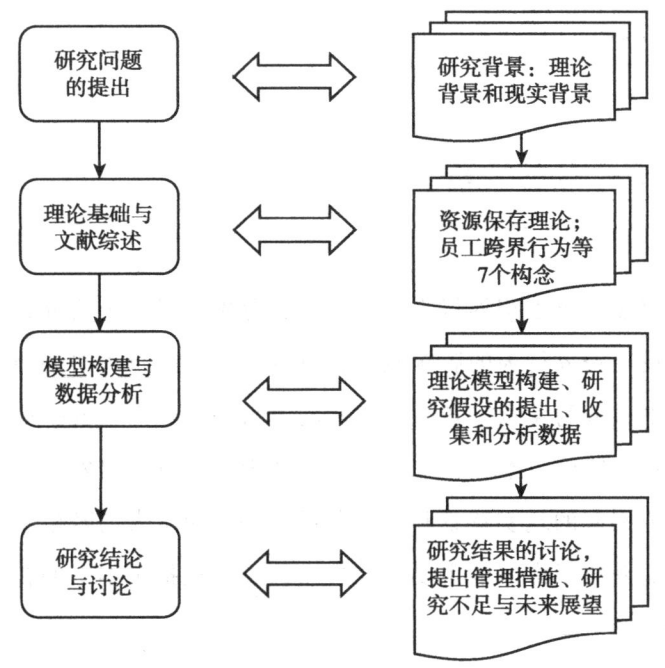

图 1-2 本书的技术路线

战、获得可持续发展的关键。理论背景主要体现在：其一，跨界行为成为组织行为领域较为热点的课题，但目前的研究主要集中在团队跨界行为，而有关员工跨界行为的研究还不够丰富。其二，员工跨界行为的前因多集中于个体差异因素，情境因素有待进一步挖掘，谦逊型领导作为与中国文化联系较为紧密的领导行为，探究其对员工跨界行为的影响，在中国情境下具有较高的切题性；同时，员工跨界行为的结果主要涉及任务绩效，而其与创新绩效的关系研究较为缺乏。基于此，本书提出谦逊型领导对员工跨界行为的影响机理以及员工跨界行为对创新绩效的作用机制是什么等两个研究问题。然后，本书基于资源保存理论回答上述问题。接着，本书对谦逊型领导、员工跨界行为、基于组织的自尊、环境不确定性、工作意义、创新绩效和团队差序氛围等核心构念进行系统地梳理和总结，并对两个子研究的研究假设、研究设计、数据分析和假设检验进行详细阐述。最后，对本书的主要结论进行总结，并基于研究不足，指出未来的可能研究方向。

1.5.2 本书的章节安排

本书聚焦于员工跨界行为这一主题，分别通过两个研究，探讨谦逊型领导对员工跨界行为的影响机理，以及员工跨界行为对创新绩效作用机制。全书共分为4章，各章节之间的逻辑关系和内容安排如下：

第1章，绪论。本章首先从实践和理论两个方面出发，阐述员工跨界行为研究兴起的现实背景和理论背景，并阐明本书的理论意义和实践价值；然后介绍了本书的主要研究方法，最后概括了本书的技术路线和章节安排。

第2章，理论基础与文献综述。本部分重点对资源保存理论等核心理论进行述评，并对员工跨界行为、谦逊型领导、基于组织的自尊、环境不确定性、工作意义、创新绩效和团队差序氛围等核心变量进行梳理，明确现有研究存在的理论缺口和变量之间的逻辑关系，为下一步模型构建和提出假设打好理论基础。

第3章，基于资源保存理论，探讨谦逊型领导对员工跨界行为的影响机理（实证研究一）。本章基于资源保存理论，通过引入基于组织的自尊和环境不确定性两个变量，构建环境不确定情境下谦逊型领导对员工跨界行为的影响机理模型。本章使用北京、太原等地的4家科技型企业的276名员工为样本数据。实证结果显示，谦逊型领导对员工跨界行为具有显著的正向影响，基于组织的自尊在谦逊型领导和员工跨界行为之间起部分中介作用，环境不确定性调节谦逊型领导和基于组织的自尊之间的关系，即环境不确定性越高，谦逊型领导和基于组织的自尊之间的正向关系越强；环境不确定性调节基于组织的自尊在谦逊型领导和员工跨界行为之间的中介效应，即环境不确定性水平越高，基于组织的自尊在两者之间的间接关系越强。

第 4 章，基于资源保存理论，探究员工跨界行为和创新绩效的关系，以及工作意义感的中介作用和团队差序氛围的调节作用（实证研究二）。本章基于资源保存理论，通过引入工作意义感和团队差序氛围两个变量，构建团队差序氛围下员工跨界行为对创新绩效的作用机制模型。本章使用太原等地的 6 家企业的 46 名团队领导和 211 名团队成员为样本数据。结果表明：员工跨界行为与创新绩效呈正相关，工作意义感在这一关系中起中介作用，团队差序氛围负向调节员工跨界行为与工作意义感之间的关系。

第2章

理论基础与文献综述

2.1 资源保存理论

资源保存理论（Conservation of Resource theory，COR）作为组织行为研究领域在过去的 25 年里被广泛引用的理论之一（Halbesleben et al.，2014）。该理论是伴随着压力理论的发展而提出的一个动机理论，最初用于帮助人们理解"压力是什么"的问题。COR 理论（Hobfoll，1989）的基础假设是人们总是在积极努力地维持、保护和获取他们认为的宝贵资源；这些资源的潜在或实际损失，对他们而言是一种威胁。此外，该理论的核心观点是拥有较多资源的个体不易受到资源损失的攻击，且更有能力获得资源，反之亦然，进而揭示出资源的两个螺旋效应——损失螺旋（Loss Spiral）和增益螺旋（Gain Spiral）。资源作为资源保存理论的一个关键词，Hobfoll（1989）将资源定义为个体认为对其有价值的事物或者可以帮助其获得有价值事物的途径。同时，他将资源分成四类：一是物质性资源（Object Resources），其与社会经济地位直接相关，是决定抗压能力的一个重要因素，如汽车、住房等。二是条件性资源（Conditions Resources），可以为个体获得关键性资源创造条件，决定着个体或群体的抗压潜能，如朋友、婚姻、权力。三是人格特质，尤其是积极的人格特质（Personal Characteristics Resources），是决定个体内在抗压能力的重要因素，如自我效能和自尊。四是能源性资源（Energies Resources），是帮助个体获得其他三种资源的资源，如时间、金钱与知识。由此可见，社会关系、社会支持、工作发展机会、参与决策的程度、乐观的个性、自主性、回报等都可被个体视为有价值的资源。

随后，Halbesleben 等（2014）则抛开了资源的具体类型，转而从个体保存和获取资源的动机出发，对资源进行了重新界定，即"个体感知到有助于其实现目标的事物"。这一定义强调的是个体对特定事物是否有助于其实现目标的主观感知和评估，而不在意它们是否实际上帮助其他们实现了目标（马红宇等，2019）。尽管对资源的定义较为宽泛，但这种目标导向的定义有助于帮助我们理解在资源保持理论框架下资源的基本属性、资源的复杂动态性以及它是如何促进目标的实现（Halbesleben et al.，2014）。当然，资源的价值会依赖于具体的情境和个体差异。换而言之，如果对资源的需求随着环境的变化而变化，那么在任何给定的时间，各种各样的事物都可以得到重视（Halbesleben et al.，2014）。同时，某一资源对某人是有价值的，但对他人并不一定是有价值的，甚至可能是起反作用的（Counterproductive）（Halbesleben et al.，2014）。

Halbesleben 等（2014）将 COR 理论的基本观点概括为 2 项基本原则和 4 个推论。随后，Hobfoll 等（2018）对 COR 理论进行了修订，将 COR 理论的基本观点明确为一个基本假设、五项原则和三个推论，如表 2-1 所示。

表 2-1　　　　　　　　COR 理论的基本观点

理论观点	内容
基本假设	个体具有努力获得、保持、培育和保护其所珍视资源的倾向
原则	损失优先； 资源投资； 获得悖论； 资源绝境； 资源车队和通道

续表

理论观点	内容
推论	初始资源效应； 资源损失螺旋； 资源获得螺旋

资料来源：马红宇，等．资源保存理论［J］//李超平，徐世勇．管理与组织研究常用的60个理论［M］．北京：北京大学出版社，2019。

五项原则具体为：

原则1：损失优先。即对个体而言，资源损失的影响远比资源获得更为重要，其影响更快，且持续时间也更长。

原则2：资源投资。即个体必须不断地通过资源投资来保护现有资源免受资源损失，从而更快地从资源损失中实现恢复，或者获取新的资源。

原则3：获得悖论。即在资源损失情境下，资源的补充和增加会显得尤为重要，对个体也更有价值。该原则类似于我们常说的"雪中送炭"（马红宇等，2019）。

原则4：资源绝境。即面临资源损耗的绝境时，个体自我保护的防御机制将会触发，会表现出一些具有攻击性和非理性的行为。

原则5：资源车队和通道。即无论对个体还是组织，他们所拥有的资源并非独立存在的，而是像路上一起行进的车队一样相互联系和影响（Hobfoll，2011）。

三个推论具体为：

推论1：初始资源效应。即个体拥有的初始资源越多，他们遭受资源损失的可能性更低，获取新资源的能力也更强。

推论2：资源损失螺旋。即最初的资源损失会引发资源的进一步损失，且资源损失螺旋的发展会更加迅速，其消极影响也更强烈。

推论3：资源获得螺旋。即最初的资源获得有利于资源的进一步获得，只不过这样一种资源获得螺旋的发展较为缓慢。

此外，近年来 COR 理论还取得了一些新发展，主要体现在三个方面（马红宇等，2019）：第一，不同资源之间的交互作用及环境因素的影响。Hobfoll（2012）明确指出，不同资源并非独立存在，他们像行进的车队一样相互联系和影响，且作为车队的通道的环境因素也发挥着重要影响。第二，资源随时间的动态变化过程。COR 理论作为一个动态性理论，资源的波动性直接决定了变化成为 COR 理论的本质属性（Halbesleben et al.，2014）。第三，团队或组织中资源的人际流动。这意味着个体的资源可能在个体间（如同事间、上下级间）进行传递，表现出交叉效应。总体而言，COR 理论作为组织行为领域一个重要的理论，被广泛用来解释个体行为背后的原因。近年来不少实证研究依据 COR 理论来解释领导行为和员工行为的关系，以及员工行为和绩效之间的联系（曹霞，瞿皎姣，2014）。因此，本书将通过资源保存理论来构建理论模型，进而揭示变量之间作用的因果关系。

2.2 谦逊型领导

2.2.1 概念起源与界定

"谦逊"一词在中国着深厚的历史根基，其最早可以追溯到上古母系社会，那时人们就有尊重女性谦下等特质的传统（毛江华等，2016）。此外，谦逊在许多中国古籍文献中均有体现，如《尚书》记载道："满招损，谦受益，时乃天道。"《易经》有云："劳谦君子，有终吉。"《道德经》曰："敦兮其若朴，旷兮其若谷。"这些文字都表达了自古以来中华民族对谦逊品德的赞美与认可。西方谦逊（Humility）一词源于拉丁语"humus"，为陆地或土地的意思，指对自己和他人有一个实际的看法（Argandona，2015）。随着宗教的出现，谦逊成为世界上许多宗教（如佛教、基督教、印度教、伊斯兰教、犹太教等）的基本教义（Owens & Hekman，2012），这些宗教在传播教义时对谦逊的内涵进行了初步探索，如基督教的教义，谦逊是通往荣耀的途径（冯镜铭等，2014），显然，他们更多局限于思辨性的解读，不是真正意义上的科学研究。尽管如此，不可否认的是，宗教的传播为谦逊概念的发展起到了推动作用。

到了 20 世纪 80 年代，谦逊概念的科学性研究开始在西方出现。随后，有学者将谦逊概念在不同时期的发展归纳为四种观点：历史观、一神论观、启蒙观和现代观（Morris et al.，2005）。历史观认为，有关谦逊的早期研究来源于希腊斯多葛学派以及佛教和道教的教义（Peterson & Seligman，2004）。尽管希腊的先哲们将谦逊当作一种美德，但是他们对谦逊并不是十分重视（Sandage & Wiess，2001）。相比而言，东方的佛教和道教十分重视谦逊，认为谦逊有助于成就个人，尤其是道教极为推崇谦逊，他们相信领导的有效性很大程度上取决于领导如何放手进而实现与"道"的和谐（Morris et al.，2005）。犹太教、伊斯兰教和基督教所持有的一神论观认为，谦逊则意味着要谦恭于上帝（Murray，2001）。比如，"穆斯林"一词意为"顺从真主的人"（百度百科），因此，伊斯兰教徒应该向真主或者信仰谦恭。这使早期的谦逊概念充满了宗教的色彩。随后是谦逊的启蒙观，启蒙时期的许多哲学家不是反对就是鄙视基督教对谦逊的理解（Morris et al.，2005）。例如，Nietzsche（1974）认为人们不需要谦逊，谦虚是奴隶们的优点，因为他们需要自贬（Self-abasement）。Kant（1964）认为真正的谦逊应该是意识到一个人的道德价值相比于法律是微不足道的。总的来看，启蒙观不但没有将谦逊看成是一种美德，甚至还带有缺乏活力和奴颜婢膝的标志（Ben-Ze'ev，2000）。最后是谦逊的现代观,这类观点认为谦逊是一个较为复杂的构念,研究者抛弃了一神论的观点,将研究重心转移到关注谦逊者内在的人格特质和心理特征方面(冯镜铭等,2014)。如 Richards(1992)指出,谦逊最好理解成对自身能力和成就的准确评价,并且有能力长期进行这种评价。此外,受到积极心理学的影响,研究者们又将谦逊定义为一种既稳定又持续的积极人格特质(Peterson & Seligman,2005)。Morris 等(2005)对谦逊上述四个时期的观点进行详细述评之后,将谦逊定义为一种个体定向(Personal Orientation),这种定向建立在准确看待自我的意愿以及站在别人的角度看待问题的倾向之上,包含自我意识(Self-awareness)、开放性(Openness)和超越(Transcendence)三个既有联系又有区别的维度。该定义为后来谦逊概念的发展带来了不少借鉴和启发。

尽管人们对谦逊的内涵持不同意见,但谦逊所具有的优点被越来越多的研究者和实践者所认可。许多领域(如法律界、医学界、政界和部队等)都呼吁人们将谦逊更多地融入工作当中,尤其是领导者更应该在其角色中融入更多的谦逊(Owens & Hekman,2012)。随着谦逊的领导者逐渐被人们所挖掘,谦逊型领导逐渐受到理论界和实务界的关注(冯镜铭等,2014)。遗憾的是,尽管在现有的管理学文献中,有关谦逊的大量讨论是基于领导背景下,并且不少的领导力研究者指出谦逊型领导对组织的重要性,然而,对于这些研究而言,真正的谦逊型领导到底是什么,这值得未来进一步探索(Owens & Hekman,2012)。例如,现有研究对谦逊型领导的内涵存在分歧:将领导的谦逊看成是天生的品德或稳定的个人特质,还是一种行为。

事实上,这些观点分歧的背后是理论视角的不同,本书将其归纳为两类:特质视角和行为视角。具体而言,第一,领导特质视角,将谦逊视为领导者天生的品德或者稳定的个人特质,而不是可以采取的一系列行动。例如,Morris 等(2005)将领导的谦逊看成一种个体定向,包括自我意识、开放性和超越三个方面。Nielsen、Marrone 和 Slay(2010)

指出，领导的谦逊是指领导者具有了解自身个性、优劣势的意愿，以及自己与他人关系的人生观，是一种值得拥有的个人品质（Desirable Personal Quality）。Ou 等（2014）则基于自我体验的框架，将 CEO 谦逊定义为包含自我意识等六个方面在内的个人特质，值得注意的是，这一定义中融入了认知、动机和行为表现三种成分，使谦逊型 CEO 成为一个综合性、多层面的概念。第二，领导行为视角认为领导者的谦逊不是天生的，是通过一系列的行为展现出来的。例如，Vera 和 Rodriguez－Lopez（2004）通过对过去 5 年谦逊相关文献资料的梳理，总结出谦逊型领导的 13 种行为特征，比如，谦逊型领导对新范式持开放态度；渴望向他人学习等。同时，他们还指出谦逊型领导会展现出不同水平的行为特征，而这些谦逊的行为是可以长期学习得来的。Owens 和 Hekman（2012）将谦逊型领导定义为领导者能承认自身的错误和不足、关注下属的优势和贡献、可教性的一种领导行为。类似地，Owens、Wallace 和 Waldman（2015）认为谦逊型领导会表现出准确评价自我，欣赏他人优点和贡献以及对他人的观点和反馈保持开放性等行为。冯镜铭等（2014）为了响应管理研究的呼声，基于行为视角，将谦逊型领导定义为一种自下而上的领导风格，领导者通过承认自身的不足与过失，欣赏下属的优点和缺点、谦虚学习等一系列行为，来正确看待自己并维系好领导—下属关系。

综上所述，谦逊型领导的定义主要由于研究视角的不同而存在显著差异。综合国内外学者的观点（Owens & Hekman，2012），本书将谦逊型领导定义为坦承自己的不足和过失，欣赏他人的优点和贡献，虚心向他人学习，并为员工和组织带来积极影响的一种领导方式。

2.2.2 谦逊型领导的结构维度与测量

目前关于谦逊领导的结构维度还存在分歧，主要包括二维、三维、四维、六维和九维等 5 种结构维度。本书通过梳理相关文献，总结了谦逊型领导的结构维度和测量量表，如表 2-2 所示。

表 2-2　　　　　　　　谦逊型领导的结构维度与测量

	研究者（年份）	维度	量表
二维	Nielsen 等（2010）	了解自身个性、优点和缺点的意愿；自己与他人关系的人生观	未开发
三维	Morris 等（2005）	自我意识；开放性；超越	未开发
	Owens 和 Hekman（2012）	承认自身的错误和不足；关注下属的优势和贡献；可教性	未开发
	Owens 等（2013）	准确的看待自己的意愿；欣赏他人的优势；可教性	9 题项
	Owens 等（2015）	准确的看待自己的意愿；欣赏他人的优势和贡献；开放性的对待他人的观点和反馈	11 题项
四维	Collins（2001）	回避公众的恭维，从不自吹自擂；依靠卓越的标准而非个人魅力激励他人；雄心勃勃，公司利益高于个人利益；把公司的成功归结于别人、外因和好运	未开发
	陈艳虹等（2017）	平易近人、欣赏他人、正确自我认知；开门纳谏	14 题项
六维	Ou 等（2014）	自我意识；开放性反馈；欣赏他人；低自我为中心；自我超越的追求；超越自我概念	19 题项

续表

	研究者（年份）	维度	量表
九维	Oc 等（2015）	精确的自我观；认可下属的优势和成就；可教性并愿意改正不足；树立榜样；表现谦虚；为了集体目标共同工作；同情下属并易于接近；尊敬和公平的对待他人；指导和训练	未开发

资料来源：本书根据文献整理。

有关谦逊和领导力关系的早期研究主要出现在《Good to Great》，即《从优秀到卓越》（Morris et al.，2005），这类研究主要通过案例等方式对谦逊型领导的内在结构或行为特征进行总结和归纳，例如，Collins（2001）指出第五级经理人（Level 5 leaders）拥有谦逊的品格，具体体现在从不自吹自擂、依靠标准而非个人魅力激励他人、雄心勃勃但公司利益高于个人利益、把公司的成功归结于外因和好运等四个方面。随后，Morris、Brotheridge 和 Urbanski（2005）在总结前人研究的基础上，将谦逊型领导的维度概括为自我意识、开放性、超越三个方面。与此不同，Nielsen、Marrone 和 Slay（2010）则对谦逊型领导的结构进行了新的探索，最后得到了解自身的意愿（个性、优点和缺点）、自己与他人关系的人生观（即自己不是宇宙的中心）两个维度。以上谦逊型领导结构维度的研究都是总结性的，甚至是推测性的，缺乏定性或定量研究的有力支持。为了弥补这一方面研究的不足，Owens 和 Hekman（2012）通过对55位不同层级的领导者深度访谈后，经过编码得到谦逊型领导行为的三个维度，即承认自身的错误和不足、关注下属的优势和贡献、可教性。与此类似，Oc 等（2015）对新加坡地区谦逊型领导的结构维度进行了定性研究，最后得到9个维度的谦逊型领导，其中树立榜样等6个维度是现有谦逊型领导模型中所没有的。

上述研究都从理论层面探讨了谦逊型领导的结构维度，并未开发出相应的测量量表。Owens、Johnson和Mitchell（2013）以美国白人为主要研究对象，开发出了3个维度9个题项的谦逊型领导量表。目前来看，这一量表被认为是国外相对成熟的谦逊型领导测量工具，具有较高的信效度。此外，Owens、Wallace和Waldman（2015）在Owens等（2013）谦逊型量表的基础上增加了2个题项，共11个题项，但他们指出无论采用哪个量表，最后结果几乎是一致的。相比而言，国内这一方面的研究起步较晚，目前主要以直接沿袭西方的结构维度和测量量表为主，没有考虑中国文化对西方量表适用性的限制。鉴于此，陈艳虹、张莉和陈龙（2017）通过对286名员工和管理者进行半结构访谈，开发出了平易近人、欣赏他人、正确自我认知和开门纳谏4维度14题项的量表，其中，除平易近人外，其他3个维度与Owens等（2013）所提出的谦逊型领导3个维度一致。鉴于Owens等（2013）所开发的量表具有较高的信度和效度，且在中国情境下具有较高的适用性，因此，本书拟采用Owens等（2013）的9题项量表。

2.2.3 谦逊型领导与其他类型领导的比较

领导方式一直是组织管理领域研究的热点话题。随着外部环境和组织管理诉求的不断变化，领导者的管理方式也在不断转变。谦逊型领导作为一种新型的领导方式，与其他领导方式存在着一定的区别和联系。为了准确把握谦逊型领导的特征，我们将谦逊型领导与真实型领导、公仆型领导、变革型领导、精神型领导、道德型领导和包容型领导进行比较。

（1）与真实型领导的比较

真实型领导的核心在于表达真实的自我（Ladkin & Taylor, 2010），具体体现在行为的一致性以及保持开放的心态和愿意改变上（Walumbwa et al.，2008）。这与谦逊型领导乐于学习并愿意改正不足（Oc et al.，2015）、准确看待自己的意愿和开放性（Morris et al.，2005；Owens et al.，2015）等行为表现具有较高的重合和相似。两种领导都用一种真实、透明的方式来展示自己，开放的心态与他人互动。不同之处在于，谦逊只是真实型领导的一个特征（Whitehead，2009），其他多个特征都与谦逊有所差异，而谦逊型领导的所有特征都蕴含了谦逊之意。此外，真实型领导是利他导向或下属导向的，更多地关注下属的成长与发展（王震，宋萌，孙健敏，2014）；而谦逊型领导则是双导向的（冯镜铭等，2014），在关注下属发展的同时，还通过学习来提升自己（Owens & Hekman，2012）。

（2）与公仆型领导的比较

谦逊型领导和公仆型领导有许多相似之处。第一，两者都包含了服务的内涵。谦逊型领导具有真正服务的意愿（Greer，2013），公仆型领导则将自己视为仆人，首要目的就是服务他人，而非领导他人（王碧英，高日光，2014）。第二，两者都体现了对下属的尊重。谦逊型领导欣赏下属的优势和贡献（Owens et al.，2013），公仆型领导则尊重追随者的尊严和价值（孙健敏，王碧英，2010）。此外，两者还存在着一定的内在联系，比如，谦逊是公仆型领导的魅力来源之一，可以当作公仆型领导的一个潜在动机基础（potential motivational basis），并且谦逊水平高的领导者很可能成为一个公仆型领导（Morris et al.，2005）。两者的区别在于：第一，对外界的反应程度不同。公仆型领导由于对外界反应相对被动，很难在动态环境中取得成功（王碧英，高日光，2014）；而谦逊型领导可能在不确定的环境中取得成功（Vera & Rodriguez‐Lopez，2004）。第二，导向不同。公仆型领导是利他导向的（Dennis & Bocarnea，2005），这与谦逊型领导的双导向是有差别的。第三，员工发展目标不同。公仆型领导致力于下属道德的发展，将下属发展为自立、有道德的公仆（陈佩等，2016）；而谦逊型领导则致力于下属思想和心理的发展（冯镜铭等，2014）。

(3) 与变革型领导的比较

变革型领导十分注重尊重、接纳、友善、支持成长和学习环境的营造（Yukl，2006），这与谦逊型领导尊重下属的价值和贡献、乐于倾听下属的不同观点、虚心向他人学习（Ou et al.，2014），以及易于接近、为下属提供指导（Oc et al.，2015）等特征颇为相似。不同之处在于，第一，激励方式不同。变革型领导通过领导魅力、感召力、智力激荡与个性化关怀来激励下属（段锦云，黄彩云，2014）；而谦逊型领导并不强调个人魅力（Collins，2001），主要通过增强下属的心理自由，明确下属的发展路径等来激励下属（Owens & Hekman，2012）。第二，领导过程不同。变革型领导通过较高的理念与道德价值来影响下属（Stenling & Tafvelin，2014），领导过程中可能表现得十分高调，属于自上而下的领导方式；而谦逊型领导则在领导过程中表现得十分谦虚和低调（Vera & Rodriguez-Lopez，2004），使领导者和下属的角色反转，属于自下而上的领导方式（Owens & Hekman，2012）。第三，动机和使命不同。变革型领导受到改变和重建组织使命的驱动，以应对外界环境的变化（陈佩等，2016）；而谦逊型领导并不试图改变组织，而是从认清和改变自己的角度着手，通过虚心学习，找准差距，进而应对环境的不确定性（Owens et al.，2015）。

(4) 与精神型领导的比较

谦逊型领导和精神型领导都关注下属的需求，但是所关注的员工需求层次不同。精神型领导主要满足追随者对基于使命和成员身份的精神性存在的需求（Fry，2003），属于高层次的需求；而谦逊型领导主要满足下属心理安全的需求（Edmondson，1999），这种需求是指下属在向他人诉说自己职业发展路径时，不用害怕因坦率说出自己如何弥补理想和现实之间的差距而受到攻击（Higgins，1989），属于低层次的需求。

同时，精神型领导在领导过程中强调愿景、希望/信念、利他之爱（Fry，2003），而谦逊型领导在领导过程中强调低调、公平、尊重、谦逊（Oc et al.，2015）。此外，还有学者将自我反省作为精神型领导的一个特征，这与谦逊型领导的自我意识有所重叠，但是"把精神性纳入工作和生活中、包容、建立和维护关系、从事有意义的工作"等特征（Jones，2008），在谦逊型领导的结构维度中没有十分明显地体现出来（Owens & Hekman，2012）。

（5）与道德型领导的比较

道德型领导是指领导者在个人活动与人际互动中表现出合乎道德规范的行为，并通过双向交流、强化和决策制定，促进下属的这类行为（Brown et al.，2005）。它与谦逊型领导强调双向平等沟通的沟通方式较为一致（冯镜铭等，2014），但是两者沟通的内容不同。道德型领导兼有"道德的人"和"道德的管理者"双重角色（Trevino et al.，2000；涂乙冬等，2014），他们会通过自身的道德示范，以及与下属的双向沟通来传达并管理组织中的伦理道德（Brown & Mitchell，2010）；谦逊型领导主要通过双向沟通来明确下属的发展路径，增强下属的心理安全感（Owens & Hekman，2012），而伦理道德并非是该领导行为的核心内容。此外，道德型领导者在领导过程中通过奖惩措施来强化下属行为（Brown et al.，2005；涂乙冬等，2014），即正强化和负强化并用；而谦逊型领导主要通过尊重和认可等积极的方式来强化下属行为，即使下属有不足，但是他们会鼓励下属尝试错误获得进步（Owens & Hekman，2012），即只有正强化。

（6）与包容型领导的比较

包容型领导是关系型领导的一种具体形式，被定义为领导者与下属进行互动时，表现出开放性、易接近性和有效性等特征的行为（Carmeli et al.，2010）。它与谦逊型领导在开放性这一维度上重叠（Owens et al.，2015）。同时，谦逊型领导和包容型领导都强调双向平等沟通、认可和尊重员工的价值和贡献（Nembhard & Edmondson, 2006; Owens & Hekman, 2012）。但两者也存在一定差异，包容型领导是一种关系型领导，十分在意与下属建立尊重、认可、回应和责任的双向关系（Hollander, 2009; 朱瑜，钱姝婷，2014），而谦逊型领导尽管也注重领导—下属关系的维持（冯镜铭等，2014），但他们也非常在意能否真正的认识自己，向他人学习并获得新知和成长。此外，包容型的领导者愿意倾听下属的请求，并且下属有问题可随时向其请教和咨询（Carmeli et al., 2010），这向下属传递了领导者有能力、有爱心的信号，而谦逊型领导尽管也在下属需要之时提供援手，但是他们在更多时候表现出承认自己的不足、欣赏下属的优势、虚心学习等行为（Owens & Hekman, 2012），这可能向下属传递了领导者能力不足但知道努力学习的信号。

2.2.4　相关实证研究

目前，有关谦逊型领导的实证研究主要体现在谦逊型领导的影响因素、实施效果、中介机制和调节机制几个方面。更为详细的述评见Kelemen等（2022）的文章。

（1）影响因素

现有关于谦逊型领导影响因素的研究可以归纳为个体因素和情境因素。

①个体因素。影响谦逊型领导的个体因素主要包括：第一，人口统计变量。例如，Owens和Hekman（2012）在其论文中指出年龄、性别、种族特点、民族和教育水平可能是影响谦逊型领导有效性的一些前因变量，但并未通过实证研究，这需要在未来研究中进一步加以检验。此外，宗教信仰和谦逊存在着正相关，因此具有宗教信仰的领导者更可能具有谦逊的品质（Exline & Geyer, 2004）。第二，个体特质。领导特质

理论强调领导的个体特质对领导有效性的影响（Colbert et al., 2012），因此，领导的个体特质可能和谦逊型领导存在着一定联系，例如 Morris 等（2005）在其研究中，分别探讨了自恋、马基雅维利主义、低自尊、防御性高自尊（Defensively High Self-esteem）对谦逊型领导的负向影响，而情感意识和管理（Emotional Awareness and Management）对谦逊型领导的正向影响，但他们的研究也属于规范性研究，研究结论没有得到相关数据的支持。徐小凤和高日光（2016）通过实证研究证实了宜人性和责任心对谦逊型领导的正向影响。除了人口统计变量和人格特质之外，值得一提的是，动机、价值观也可能是影响谦逊型领导的重要个体因素，尽管目前的谦逊型领导研究还未直接涉及这些因素，但从其他类型领导（如真实型领导、公仆型领导）的研究中可以推测出来（Peus et al., 2012；陈佩等，2016）。总之，上述的研究拓展了我们对谦逊型领导前因变量的个体因素的理解，并为指导管理实践带来一定的启发，但是有关这一方面实证研究并不多见，未来的研究还需要此基础上不断强化。

②情境因素。尽管关于影响谦逊型领导的情境因素研究较为稀缺，但这些零星的研究涉及组织内外的各种因素，例如，Collins（2001）指出宗教皈依（Religious Conversion）、接近死亡的经历（Near-death Experiences）、生活中偶遇的幸运事件（Life Events that Clearly Occasioned 'Luck' Considerations）和谦逊的导师（Humble Mentors）可能会影响领导者的谦逊性。Peterson 和 Seligman（2005）认为在一个备受关怀和尊敬的氛围中传达基于事实的反馈可以预测领导的谦逊性。Owens、Johnson 和 Mitchell（2013）则在文章的未来展望部分提到，领导者的层级（一线、中层、高层）、文化（西方 vs 东方）、相对权力、地位等均可能会影响谦逊型领导的有效性。近来，Romanowska、Larsson 和 Theorell（2014）采取了基于艺术的领导力干预项目来（An Art-Based Leadership Intervention）提升领导者的自我意识和谦逊，其中，基于艺术的领

导力干预项目根植于实验戏剧艺术（Experimental Dramatic Art），这一项目将不同的艺术形式（如诗歌、音乐、纪录片等）贯穿到三个场景中，让被试者感受到不同的情绪和意想不到的非线性变化，接着每一个场景结束后让被试者自己选择主题和自由表达反应、解释等，最后进行总结。而艺术经历（Art Experience）可以作为消极性领导力的抵抗力量（Countervailing Power），能够使个体深入了解周围环境，促使个体进行反省（Introspection）、自我批评，并拥有与他人保持适度距离的能力（Romanowska et al.，2014）。结果发现相比于传统的领导力开发项目，这种培训项目更能激发领导者的谦逊行为，减少领导者的自我吹嘘（Self–overrating）。

(2) 实施效果

谦逊型领导的实施效果可以分为三个水平：个体水平、团队水平和组织水平。首先，在个体水平上，谦逊型领导不仅对领导者自身的领导行为，如支持他人、社会化权力、参与式领导、社会化魅力领导行为（Socialized Charismatic Leaders Behaviors）、CEO 授权领导行为等具有积极影响（Morris et al.，2005；Nielsen et al.，2010；Ou et al.，2014），还对员工的领导认同、领导信任、自我效能感和牺牲意愿（Nielsen et al.，2010）、忠诚、信任、心理自由和工作投入（Owens & Hekman，2012）、个体绩效、一般自我效能感、责任心、心智能力（Mental Ability）和工作满意度（Owens et al.，2013）、主/客观绩效（Owens et al.，2015）、心理授权（Jeung & Yoon，2016）、创造力（罗瑾琏等，2016），以及领导有效性和组织认同（曲庆等，2013）等均具有显著的正向影响，同时还能降低员工的自愿离职（Owens et al.，2013；Li et al.，2016）和员工沉默（徐小凤，高日光，2016）。其次，在团队水平上，谦逊型领导对团队成员贡献评价和团队学习定向（Owens et al.，2013）、高层管理团队整合和团队绩效具有正向影响（Ou et al.，2014；Chiu et al.，2016），还对高层管理团队垂直薪酬差异（Vertical Pay Disparity）具有负向影响。最后，在组织水平上，谦逊型领导对组织持续而细微的变革和组织流动性（Owens & Hekman，2012），促进定向文化（Promotion Focus Culture）和公司绩效（Owens & Hekman，2016；Ou et al.，2014）等均具有正向影响。上述研究有助于强化我们对谦逊型领导实施效果的认识，并为推崇谦逊型领导方式的组织提供了理论支持。

（3）中介机制

谦逊型领导通过哪些路径和机制对下属、团队及组织结果产生作用？就现有的文献来看，可以分为单一中介和多重中介研究。

单一中介方面。在谦逊型领导对下属的结果变量（如领导认同等）的影响研究中，Nielsen、Marrone 和 Slay（2010）提出社会化魅力领导行为在两者之间起到中介作用，但是他们并没有通过实证研究予以验证，其中，社会化魅力领导行为是指魅力型领导的社会化形式，包括三个关键行为，即愿景产生（Vision Generation）、愿景推行（Vision Implementation）和交流（Communication）（Kirkpatrick & Locke，1996）。随后，Owens、Johnson 和 Mitchell（2013）以美国中东部地区的一家大型健康服务组织的 704 名员工为研究对象，通过实证研究分别探讨了谦逊型领导与员工工作投入、自愿离职之间的中介机制，结果发现，团队学习定向中介谦逊型领导和工作投入的正向关系，工作满意度中介谦逊型领导和自愿离职之间的负向关系。此外，Owens 与其合作者（2013）还在研究局限中指出，增加相互揭发（Increased Mutual Disclosure）和信任是上述研究可能而没有纳入研究的两个中介变量。近期，Chiu 等（2016）研究发现谦逊型领导通过共享型领导影响团队任务绩效。唐汉瑛、龙立荣和周如意（2015）基于自我概念衍生理论，以 375 名员工为样本，探讨并证实了下属组织自尊在谦逊型领导和下属工作投入之间的中介效应，其中下属组织自尊是指个体对自己在组织中的重要性、价值和胜任情况的总体感受和评价（Widmer et al.，2012）。罗瑾琏、花常花和钟竞（2015）结合社会认知理论，以221名员工为对象，探讨了谦逊型领导对员工工作绩效和工作满意度的作用机制，结果表明，心理安全在两者之间起完全中介作用。徐小凤和高日光（2016）通过实证研究发现，员工的政治知觉在谦逊型领导和员工沉默之间起完全中介作用。此外，Li、Liang和Zhang（2016）从内在动机理论的视角，检验了组织认同在谦逊型领导和离职倾向之间的部分中介作用。近来，冯镜铭、刘善仕和吴坤津（2018）通过实证研究发现，谦逊型领导通过下属敬业度对建言行为（包含促进性建言和抑制性建言）产生影响，传统性不但正向调节敬业度和两种建言行为之间的关系，而且调节敬业度在谦逊型领导和员工建言行为之间的间接效应。

多重中介方面。谦逊型领导和结果变量之间作用的传导路径并不是唯一的，可能需要经历多个过程，即存在多重中介，例如，Owens和Hekman（2012）以55名不同层次的领导者为访谈对象，通过主题分析（Theme Analysis）对谦逊型领导如何对下属工作投入和心理自由产生影响的进行了研究，结果表明，下属发展进程的合法化（Legitimization of Followers Developmental Journeys）和不确定性的合法化（Legitimization of Uncertainty）是两个重要的中介变量。随后，这两位学者（2016）以326名健康服务业员工为样本进行实证研究，并且通过2个时点进行数据收集，在控制了变革型领导和团队平均规模、年龄和性别之后，结果发现，谦逊型领导依次通过集体谦逊（Collective Humility）、集体促进定向（Collective Promotion Focus）两阶段最终影响团队绩效。Ou等（2014）以中国的63个私营企业的328名高层管理团队成员和645名中层管理者为样本，基于社会信息加工理论，通过实证研究对谦逊型CEO与中层管理者回应之间的中介机制进行了探索，结果发现谦逊型CEO依次通过CEO授权领导行为、高层管理团队整合以及授权组织氛围对中层管理者的回应（工作投入、情感承诺、工作绩效）产生正向影响。与此类似，Ou、Waldman和Peterson（2018）以美国105家中小规模的计算机软硬件工厂的 CEO 和 CFO 为研究对象，基于高阶理论、权力理论和矛盾理论，构建了谦逊型 CEO 和公司绩效的中介机制模型，通过 2 个时点的问卷调查，结果显示，谦逊型 CEO 可以依次通过高层管理团队垂直薪酬差异、高层管理团队整合、灵活的战略定向（Ambidextrous Strategic Orientation）对公司绩效产生影响。上述研究为进一步增强我们对谦逊型领导与结果变量作用的内在过程的理解具有重要作用。

（4）调节机制

在什么条件下，谦逊型领导是有效的？谦逊型领导的调节变量主要包括个体因素和情境因素。

个体因素方面的研究，如 Owens 和 Hekman（2012）指出，谦逊型领导行为和下属报告的结果之间的关系受到领导特质（Leader Traits）的影响，领导特质包括胜任力（Competence）和真诚（Sincerity），这两种因素会提升谦逊型领导对下属影响的有效性。此外，Owens、Johnson 和 Mitchell（2013）以 144 名学生为样本，考察了一般心智能力（General Mental Ability）在谦逊型领导和个体绩效以及团队贡献之间的调节作用，结果发现一般心智能力负向影响上述变量之间的关系。Jeung 和 Yoon（2016）通过研究发现，下属的权力距离定向正向调节谦逊型领导和下属心理授权之间的关系。国内学者也在积极探索谦逊型领导对结果变量作用的边界条件，例如，唐汉瑛、龙立荣和周如意（2015）发现了下属的权力距离在谦逊型领导行为和工作投入之间的有中介的调节作用。同时，罗瑾琏、花常花和钟竞（2015）的实证研究结果显示，组织支持知觉对谦逊型领导和员工心理安全的关系具有负向调节作用。此外，罗瑾琏等（2016）还发现了创造性自我效能在谦逊型领导和员工创造力之间的正向调节作用。

情境因素方面的研究，如 Owens 和 Hekman（2012）指出威胁和时间压力、学习文化、遵守等级（Hierarchical Adherence）等情境因素会调节谦逊型领导对下属的影响。Owens、Wallace 和 Waldman（2015）探讨了领导自恋和领导谦逊对下属结果变量的交互作用，结果表明领导谦逊性可以抵消领导自恋对下属工作投入和绩效的负向影响。Chiu 等（2016）认为谦逊型领导对团队绩效的作用可能会依赖团队主动性人格，研究结果表明团队主动性人格越高，谦逊型领导对团队绩效的正向影响越强。Li 等（2016）以中国的 249 名科技人员为样本进行实证研究，结果发现领导专长（Leader Expertise）能够强化谦逊型领导和离职倾向之间的负向关系。另外，Jeung 和 Yoon（2016）还发现了谦逊型领导和下属心理授权的关系同时受到下属的权力距离和领导—下属之间层级距离（Hierarchical Distance）的正向调节。值得注意的是，杨陈等（2018）基于自我决定理论，通过实验研究和基于问卷调查的实证研究发现，工作单位结构在谦逊型领导和三种基本心理需求之间起调节作用，当工作单位结构是有机式结构时，谦逊型领导对基本心理需求的正向影响更强烈。

将上述研究成果通过一个整合性模型加以呈现，如图 2-1 所示。

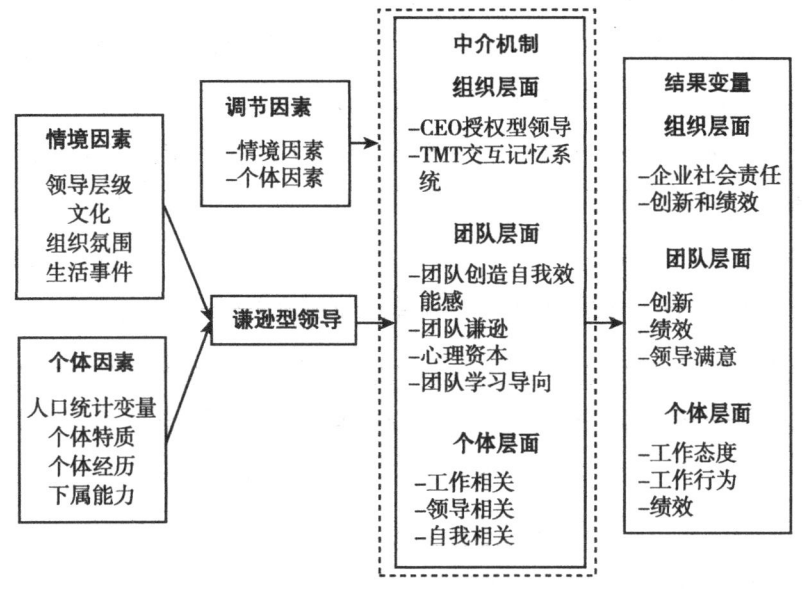

图 2-1　谦逊型领导的前因与后果

资料来源：本书根据相关文献整理。

2.2.5 小结

谦逊型领导作为一种关系导向的领导方式,近几年来引起了学术界的广泛关注,并取得了大量的研究成果。研究者们围绕着谦逊型领导的内涵、结构维度与测量、前因和后果展开了深入探讨,这为本书的开展奠定了坚实的基础。然而,目前的研究还存在一些有待完善之处,值得进一步探索。比如,有关谦逊型领导和员工跨界行为的关系研究仍存在一些提升空间。尽管有零星的研究从社会认知角度探讨了谦逊型领导和员工跨界行为之间的关系,但这些研究无法回答"谦逊型领导作为一种团队资源是如何转化为个体的身心资源,进而促进员工的跨界行为"以及"作为资源通道的外部环境因素如何影响谦逊型领导有效性发挥"的问题。事实上,许多研究显示,充足的资源起到内部动机和外部动机的作用(Bakker & Demerouti,2008),它是员工从事跨界行为等资源投资行为的必要条件(Hobfoll,1989;Barbier et al.,2013),且环境不确定会影响员工对领导行为的敏感性(蒿坡等,2015;刘夏怡,彭纪生,2021)。鉴于现有研究的不足,本书拟基于资源保存理论,从谦逊型领导视角,致力于探讨员工跨界行为的形成机制。

2.3 员工跨界行为

2.3.1 概念

边界,一直都被组织理论领域内的学者广泛研究,众多国内外学者都试着对边界的内涵作出解释。Thompson 早在 1967 年指出,边界是正式组织能够对内外部成员进行区分的基本特征,通过边界可以区分出哪些是属于组织内部的成员,哪些属于组织外部的成员。Leifer 和 Delbecq (1978)认为边界是把两个系统进行区分的界线,这样就可以让系统内部在外部环境下能够独立,同时还能够对系统内的各个要素同外部环境的沟通活动进行调节。边界虽然能够协助我们对各个不同系统进行区分,但这并不表示边界就是固定不变的。"开放系统"这样一个隐性观点也被边界研究的学者们所认可,边界可以实现组织内外部要素的相互流通,可以保留有益要素并剔除不利的要素。例如,Yan(1999)就指出边界不仅仅具有区分、隔开、保卫等特性,同时还兼具开放、流通、延伸的特性。Pfeffer 和 Salancik(1978)也表示不能只把边界看作是稳定清晰的,更应该是模糊和难以清晰界定的。因此,边界不仅仅只是为了清晰划分各个独立的系统,还可以通过边界的渗透性、模糊性和动态性使各系统跨越边界进行相互交流的活动。

跨界行为(Boundary Spanning Behavior)的相关研究源于 20 世纪 50 年代,国外学者基于开放视角的组织理论指出,组织作为一个系统必须与外界保持互动(Boulding,1956)。随后,学者们将跨界行为引入到组织与外部环境的关系的研究中。研究指出,尽管环境会对组织产生约束和限制,但组织通过跨界行为来影响环境甚至改变环境,以提高组织的外部环境适应力(Aldrich & Herke,1977)。随着组织扁平化的趋势加剧,团队作为组织工作的基本单元,越来越多的学者将研究目光聚焦于团队跨界行为,他们围绕着团队跨界行为的前因和结果开展了大量的理论和实证研究。团队跨界行为近年来引起了管理学界的广泛关注,但作为一个较为宽泛的概念,不同学者对其有不同的理解,尚未达成一致意见(刘良灿,赵龙英,2019)。其中,比较有代表性的定义,如 Ancona 和 Caldwell(1992)认为跨界行为是指行为主体通过与客户或供应商等外部相关方进行联系和互动的行为,它包括使节行为、任务协

第2章 理论基础与文献综述

调和侦测行为三个维度。张虹（2014）在研究中进一步指出，跨界行为在与外部的联系过程中既包括行业内横向水平的跨界合作行为，也包括行业间垂直方向的跨界合作行为。罗珉和李亮宇（2015）指出不同行业之间的跨界合作行为已经成为对绩效产生重要价值影响的一种商业新常态。

归纳起来，目前关于团队跨界行为内涵的研究主要分为协调、学习和网络三种视角：

第一，协调视角认为跨界行为是指协调和整合团队内外部的工作，进行跨界行为的前提是做好团队内部的工作，即内外部的平衡发展（Gittell，2002），如 Marrone 等（2007）认为跨界活动是行为主体双方通过一系列的交流和沟通，最终达成信息和资源的交换。陆岷峰、陆顺和汪祖刚（2015）把跨界行为看作是企业战略层次的决策，在企业内外部环境不断变化的情境下，企业可以结合跨界行为来制定战略举措，以求企业内外部发展得以平衡。Gibson 和 Dibble（2013）在研究中指出跨界行为是企业为了维持生存和谋求发展，积极主动与外部建立联系，保持各方面协调以获得有价值的知识、资源并进行反馈的过程，可以帮助企业更好的应对因环境复杂性和不确定性造成的组织正式结构的失效。

第二，学习视角认为跨界行为主要是从外部获取信息资源（Leifer，1978），并把信息传递到内部的过程（Tushman & Scanlan，1981），通过对获取到的信息进行整合，最终形成团队学习资料等。Teece（1994）提出了跨界知识流动的概念，他在研究中指出企业可以利用技术的国际化转移来完成跨国应用知识的积累。知识也需要越过边界才可以实现转移和流动。Scott（1995）把组织看作是一个开放的系统，各个系统之间需要建立联系来适应多变的外部环境，系统则可以通过跨界行为来搜索外部信息，并向组织内部传递。Aldrich 和 Herker（1977）认为组织仅依据为从内部有限的知识和信息无法帮助组织有效实现其目标，不足以帮助企业应对环境变化的挑战，因此，组织还需要挖掘更多存在于外部的有价值的知识来提高组织的适应能力。

第三，网络视角认为应该把跨界行为的主体纳入到社会网络中（Choi，2002），该行为是发生在多团队、多系统、多主体之间的（Marrone，2010）。Oliver（1900）认为跨界行为是组织越过组织边界面向外部世界的一种行为，各个组织因知识、能力或者是共同的利益等目标而互相联合，形成一种网络。张华磊等（2014）也认为跨界行为是指一个系统致力于处理环境的活动，通过面对竞争性的需求来保持资源到防止环境破坏、收集资源和获得支持。

三种视角既有区别又有密切联系，协调视角和学习视角聚焦于跨界活动的过程，而网络视角侧重于剖析主体间的网络关系，前者是建立和维持团队外部网络关系的目的，后者则是实现团队跨界协调和学习的基础（薛会娟，2010），割裂地看待三者是不科学的。

此外，跨界行为包括个体和团队两个层次，团队跨界行为首先是在个体员工层次产生，进而个体层次的行为聚合形成团队层次的外部互动。这表明员工跨界行为是团队跨界行为的基础（刘松博，李育辉，2014）。因此，许多学者在定义员工跨界行为时，大多是参照团队跨界行为对其进行界定的。遵循这一做法，参考以往研究（Choi，2002；薛会娟，2010；刘松博，李育辉，2014），本书将员工跨界行为界定为：行为主体为了实现预期目标，通过协调内外部活动，从外部获取异质性信息传递到团队内部，对其进行整合利用，与外部利益相关主体建立联系并不断互动的行为。

2.3.2 结构维度与测量

截至目前，学术界关于跨界行为的维度划分尚未形成统一的观点

（刘良灿，赵龙英，2019）。其中，在团队跨界行为方面，代表性观点如 Ancona 和 Caldwell（1992）将跨界行为分为使节行为、任务协调和侦测行为等三个维度。使节行为是指行为主体经过和组织架构的上层或者外部合作方的纵向沟通以此获得支持的跨界行为；任务协调是指为完成组织目标，与平行关联网进行横向沟通的跨界行为；侦测行为是指为了实现组织目标，主动从外部搜寻和获取创意和信息的跨界行为。同时，他们还开发了 21 题项的团队跨界行为量表，该量表具有较高的信度和效度，并得到后续研究的广泛采用。此外，还有学者在该量表的基础上进行修订，如袁庆宏等（2015）通过访谈的方式遴选出相应的题项，最终选择 10 个因子载荷较高的题项来测量团队跨界行为。随后，宋萌等（2017）通过参照转移的方式，运用该量表对团队领导跨界行为进行测量。与此不同，Bettencourt 和 Brown（2003）基于组织外部视角，认为顾客导向的团队跨界行为包含服务传递、外部表征和内部影响三个维度。具体而言，服务传递指团队成员在对顾客进行服务时，向顾客表达出的态度，以及采取相应的行动满足顾客提出的要求等；外部表征表示团队成员主动将自己的团队展示给外部团队并进行宣扬；而内部影响是指员工通过在团队内部积极进行交流，为提升团队服务质量提出建设性意见。此外，Druskat 和 Wheeler（2003）基于组织内部视角，认为团队外部领导主要执行联络、侦测和劝说三种跨界行为，其中，联络行为是指团队成员与团队外部建立联系，从而获取资源和帮助的行为；侦测行为是指团队成员为了更高效地达成团队目标，主动向外部专业人员获取信息及咨询建议等行为；劝说行为是指团队成员为了争取团队支持而作出的行为。另外，还有学者认为一致性的跨界活动不具有普遍性，需结合研究目的开发出适应情境的量表。如奉小斌（2012）基于 Faraj 等的研究，并结合研究目的和中国企业的实践特征，开发出使节行为、协调行为和侦测行为等 3 个维度共 15 个题项的量表。

在员工跨界行为方面，Marrone 等（2007）从 Ancona 等学者编制的 21 题项量表中抽取了 6 个题项，形成了针对团队中的个体跨界行为量表，该量表具有较高的信度和效度。在随后的研究中，大多数学者结合自己的研究对 Marrone 的量表进行改编，形成相应的员工跨界行为量表（如刘松博，李育辉，2014；张华磊等，2014；张大力，葛玉辉，2016；陈璐，王月梅，2017）。此外，刘小娟、邓春平、王国锋和潘锦臻（2015）通过归纳已有研究文献，并采用访谈法，将企业 IT 员工的跨界活动分为事务性跨界活动和学习性跨界活动两个维度，每个维度包括 4 个题项。典型的题项如"为企业人员安装 IT 工具""为向其他人员学习新系统功能，我经常参与新应用系统实施"。由于 Marrone 等（2007）的量表具有较高的信度和效度，因此，本书拟采用他们开发的 6 题项量表来测量员工跨界行为。

本书通过梳理相关文献，总结了跨界行为的结构维度和测量量表，如表 2-3 所示。

表 2-3　　　　　　　　跨界行为的结构维度和测量

	研究者（年份）	维度	量表
二维	刘小娟等（2015）	事务性跨界活动 学习性跨界活动	4 题项 （员工跨界行为）
三维	Ancona 和 Caldwell（1992）	使节行为 任务协调 侦测行为	21 题项 （团队跨界行为）
	Marrone 等（2007）		6 题项 （员工跨界行为）
	袁庆宏等（2015）		10 题项 （团队跨界行为）
	奉小斌（2012）		15 题项 （团队跨界行为）

续表

	研究者（年份）	维度	量表
三维	Bettencourt 和 Brown（2003）	服务传递 外部表征 内部影响	未开发
	Druskat 和 Wheeler（2003）	执行联络 侦测 劝说	未开发

资料来源：本书根据文献整理。

2.3.3 影响因素

尽管近来有不少研究尝试探索员工跨界行为的前因，但有关该方面的研究成果仍十分有限（刘良灿，赵龙英，2019）。从目前的研究成果来看，员工跨界行为受到个体特征和情境特征两类因素的影响。

（1）个体因素

现有研究中影响跨界行为的个体因素包括人格特质、调节定向、思维方式和工作价值观等。如 Marrone（2004）通过实证研究发现，个体的自我监控、主动性人格、跨界自我效能感和员工跨界行为存在积极关系。随后，Marrone 等（2007）进一步表明，跨界自我效能感和角色责任感对员工跨界行为具有正向影响。此外，张华磊等（2014）以研发人员为研究对象，证实了跨界人员的核心自我评价（自尊、一般自我效能感、控制点、情绪稳定性）正向影响个体跨界行为。在个体调节定向方面，陈璐和王月梅（2017）的研究表明，促进型调节定向正向影响跨界行为。类似的，杜鹏程和刘升阳（2021）也发现促进型调节定向显著影响员工跨界行为，且工作重塑在两者之间起部分中介作用。此外，还有学者以饭店一线员工为研究对象,结果发现员工心理授权对跨界行为有正向影响(张辉等,2012)。张柏楠、徐世勇和王继新(2020)采用个体和团队动机综合理论模型,通过实证研究发现,员工矛盾思维对其跨界行为具有正向影响。赵修文等(2021)基于自我验证理论,探讨了工作价值观对员工跨界行为的影响机制。结果显示,工作价值观通过促进型调节定向和防御型定向对员工跨界行为产生影响。另外,为研究哪些组织成员更有可能在组织内的各部门、事业部间获取异质性资源,Pedersen 等(2019)利用一家大型跨国公司的数据,实证检验了一个综合模型,该模型关注员工的授权水平(Mandates)、专业知识水平和行为取向对其跨越组织内边界获取资源的可能性的影响,这些"边界"表现为等级制度、职能内领域和地理区域。研究结果发现,更有可能实施跨界行为的是那些具有全球影响力、高水平的专业知识以及在网络行为中表现出合作倾向的员工。Pedersen 等还发现,这些影响受到组织内部工作网络的影响,拥有大型正式工作流程网络的员工受到的影响更为强烈。

(2) 情境因素

目前影响跨界行为的情境因素主要包含领导风格、关系因素、角色压力、人—组织匹配等。例如,相关研究表明,情绪智力高的团队领导会引导员工进行跨界行为(丁晓斌,李志刚,2016)。除此之外,领导风格方面,张华磊等(2014)以18家高新技术企业的499名研发人员为样本,结果表明授权型领导正向影响研发人员跨界行为。类似的研究也显示,谦逊型领导会促进员工跨界行为的产生(邓志华,2018;邓志华,肖小虹,2018;邓志华,张亚军,2019;张征,2021)。Marrone 等(2021)通过实证研究发现,支持型教练行为对员工跨界行为具有正向影响,且跨界自我效能感在两者之间起中介作用。此外,姚亚男、韦福祥和李理(2017)指出,情境因素中和管理者的关系对跨界行为的3个维度(外部代表行为、内部影响行为、服务提供行为)都有直接正向的作用,而和同事的关系对跨界行为的3个维度的影响都不明显。随后,

Lee 和 Han（2020）通过实证研究发现，关系连带通过人—工作匹配、情感耗竭、工作满意度对员工跨界行为产生影响。Wang 等（2021）以交易压力理论、情感事件理论和动机理论为基础，选取美国酒店业一线员工作为样本，探讨障碍性压力源对跨界行为的影响。研究结果表明，尽管障碍压力源对一线员工的跨界行为产生了负面的间接影响，但内在动机能够有效地降低障碍压力，并影响导致跨界行为的后续情绪。另外，王特（2020）通过组态分析，发现主动性人格、跨界效能感和组织承诺在组态中起核心作用，而角色压力、领导创造力期望和群体权利距离的是或非均有可能产生创新型员工的高跨界行为。值得注意的是，现有的研究大多认为角色压力是员工跨界行为的结果，然而 Bettencourt 和 Brown（2003）发现角色压力也能够对跨界行为产生影响。Bettencourt 和 Brown（2003）研究了一线服务员工可能进行的三种客户导向跨界行为（COBSBs）：外部代表、内部影响和服务交付，探索角色压力对该行为的影响。作者提出并检验了一个模型以解释角色冲突和角色模糊对 COBSBs 的负面影响，结果表明通过工作满意度和组织承诺完全中介了角色压力源对 COBSBs 的负面影响，并且角色压力源对外部代表和内部影响行为的间接负面影响更大；同时也发现了角色冲突对内部影响行为有显著的正向影响。另外，还有研究探讨了感知的组织、主管和同事支持通过情感承诺对护士的跨界行为产生积极影响（De Regge et al.，2020）。值得注意的是，有文献指出，人—组织匹配分别通过成就努力动机（Achievement Striving Motivation）和情绪耗竭两条路径来影响员工跨界行为（Yoo et al.，2014）。

2.3.4 实施效果

目前国内外有关员工跨界行为实施效果的实证研究仍较为少见

（刘良灿，赵龙英，2019），但相关成果的积累逐渐呈上升趋势。现有研究表明，跨界行为对员工任务绩效、创造力、知识共享等均具有显著的正向影响，同时也会引发角色压力等消极结果。因此，本书将从积极、消极两个方向分别对员工跨界行为的作用结果展开详细讨论。

现有研究关于跨界行为对员工态度和行为的积极影响主要从社会网络视角、资源视角、社会信息加工视角等出发。如刘松博和李育辉（2014）基于社会网络理论，证实员工跨界行为能够通过社会网络促进员工任务绩效的提升。类似地，Liu 等（2018）以中国的 57 个新产品开发团队的 272 名员工为研究对象，发现员工跨界行为对任务绩效具有显著的正向影响，并且非正式领导涌现起到部分中介作用。随后，崔明明、苏屹和李丹（2018）通过 62 名主管和 381 名下属的配对问卷调查进行实证分析，结果发现，跨界行为对员工任务绩效具有显著的正向作用。此外，樊骅等（2015）通过实证研究发现，产生跨界行为的员工，其边界松弛活动会通过正向影响员工感知的角色过载，进而促进员工创造力的产生；反之，产生跨界行为的员工，其边界紧缩活动会通过负向影响员工感知的角色过载，进而阻碍员工产生创造力。张柏楠等（2020）发现跨界行为会正向影响员工创新绩效。此外，Zhang 和 Li（2021）基于知识整合理论，同样发现员工跨界行为对创新绩效具有正向影响，其中，创新观点的产生（Ideas Generation）在两者之间起到部分中介作用。同样的，杜鹏程和刘晗（2021）基于资源保存理论和社会信息加工理论，通过实证研究发现，员工跨界行为通过知识共享对员工创造性绩效起作用。类似地，宋萌等（2021）基于资源保存理论，探讨了领导跨界行为对领导者自身工作绩效的作用过程及边界条件。其研究结果与员工个体层面跨界行为的研究基本一致，结果表明：主管跨界行为能增加自身工作旺盛感，进而促进工作绩效，但同时也会增加自身情绪耗竭水平，降低绩效表现。主管的知识获取感知能显著放大领导跨界行为与工作旺盛感的积极关系，缓解领导跨界行为对情绪耗竭的消极影响。Stjerne 等（2019）基于一项重大变革计划中的 93 个 IOP 数据探索项目管理在公司合作伙伴参与跨组织项目时的时间紧张问题中的作用，通过半结构化访谈、观察以及对这些 IOP 的书面文件和程序的详细分析，研究人员认为员工跨界行为在这一过程中有利于组织更好地实现预期目标和任务。此外，辛本禄和代佳琳（2021）基于资源依赖理论，通过对 52 个团队 308 名制造企业员工及其直属领导的问卷调查，实证检验员工跨界行为、知识共享以及知识基对制造企业服务创新的影响。结果表明，员工跨界行为对制造企业服务创新具有显著的正向影响，知识共享在员工跨界行为与制造企业服务创新之间起部分中介作用，企业知识基水平在员工跨界行为与知识共享之间起到正向调节作用。张建卫等（2021）同样从资源依赖理论的视角出发，对 8 家科技型企业 668 名研发人员开展实证研究探索研发人员的跨界行为对其创造力的影响，研究结果显示，跨界行为通过知识共享显著地正向影响研发人员创造力，并且这一过程受到领导积极反馈的正向调节。

随着对跨界行为研究的不断深入，开始有研究考察跨界行为的中介效应，如张柏楠等（2020）采用个体与团队动机综合理论模型，通过实证研究发现员工跨界行为中介了员工矛盾思维与创新绩效之间的关系，其中员工矛盾思维与员工跨界行为间的关系受到关系冲突的负向调节。随后，宋锟泰等（2022）基于系统特质激活理论，通过 231 套领导—员工配对样本进行实证研究，其结果表明，跨界行为在发展型工作挑战和员工创新绩效的关系中起到正向中介作用，个体频繁经历发展型工作挑战性时，其跨界动机会被激活，随着跨界行为的不断展现，其创新绩效水平也会不断提升。

值得注意的是，角色理论多用于解释跨界行为引起的负面效果，角色压力的三个维度角色冲突、角色模糊和角色过载均被证实在跨界行为的作用机制中负向影响员工满意度、员工创造力等，然而也有学者发现员工在实施跨界行为的过程中其角色模糊感减少了，并由此产生了积极的结果。如 Au 和 Fukuda（2002）在研究跨国公司外派员工作为跨国角色为公司获取利益的过程中发现，外派人员往往通过获取当地信息和识别满足公司内部需求并举的方式来完成工作任务，进而实现组织目标。他们基于社会资本理论和角色理论，通过一个包括232名跨国界工作者的样本展开实证研究，研究结果表明，当地经验和社会网络的多样性有助于外派人员更好地进行跨界活动；而通过参与跨国界活动，外派人员感知到的角色模糊性减少了，并在这一过程中获得了角色利益，且比之前更愿意使用东道国不同群体内的资源。此外，那些从事更多跨界活动的员工比没有从事跨界活动的员工在其组织内拥有更高的工作满意度和更大的权力。

关于跨界行为消极影响的研究大多从资源保存理论、角色理论出发，认为员工跨界行为作为一种角色外行为，将占用员工的时间、精力等，消耗员工的心理资源，或引发员工的角色压力和情绪耗竭，从而导致员工的负面态度和行为。跨界行为被证实和员工的角色模糊、角色冲突、角色过载正相关（王三银等，2017）。基于资源保存理论，Shirom（2011）指出，员工的跨界活动会导致员工长期处于疲惫状态并难以得到充分的休息和恢复，从而导致员工情绪耗竭并降低员工的工作活力。

另外，也有学者在研究中把跨界行为划分为不同维度，同时关注了跨界行为不同维度的积极、消极作用，或跨界行为在组织不同层次中的作用。如刘小娟等（2015）将 IT 工作者的跨界行为分为事务性跨界活动和学习性跨界活动，通过信息处理理论视角和角色理论视角两条路径对跨界行为的作用效果分别进行探索。结果表明，事务性跨界活动通过角色过载的中介作用降低了员工的工作满意度，而学习性跨界活动则通过促进员工知识获取提高了工作满意度，并且有高成就动机和学习目标导向的 IT 员工更善于利用学习性跨界活动获取更多知识以提高工作满意度。

朱金强等（2020）基于资源的视角，研究发现，在个体层面上，员工跨界行为通过增加员工的角色压力对个体创造力产生不利影响。考虑到员工跨界行为的影响效果结论不一致，蓝媛美、李超平、王佳燕和孟雪（2022）采用元分析方法探讨了员工跨界行为的收益与代价，结果发现，员工跨界行为有助于提升工作满意度、组织承诺、绩效和创新，同时也会引发角色压力；员工跨界行为与结果变量的关系受到员工类型（知识员工—非知识员工）和个体主义—集体主义、权力距离的调节；工作态度在员工跨界行为和绩效、创新的关系中起中介作用，但在跨界行为和压力与耗竭的关系中的中介作用不显著。

将上述研究成果通过一个整合性模型加以呈现，如图2-2所示。

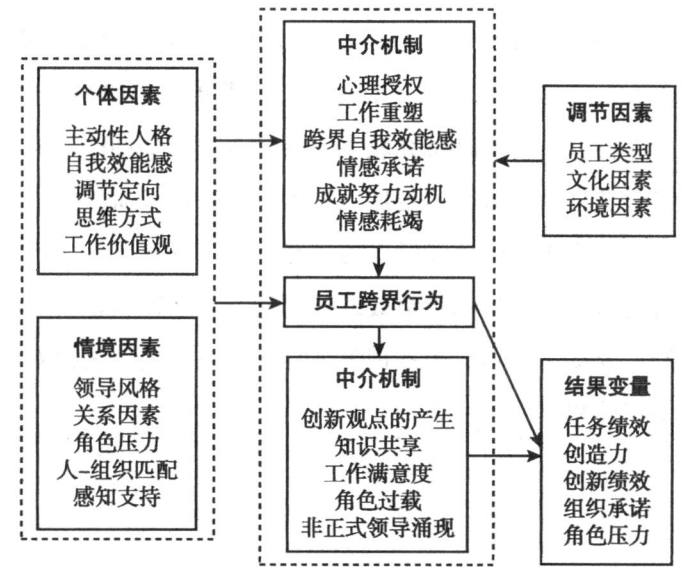

图 2-2　员工跨界行为的前因与后果

资料来源：本书根据相关文献整理。

2.3.5　小结

随着环境不确定性加剧，组织的边界逐渐模糊，资源变得更加稀缺，组织及其成员不得不参与到跨界活动中，通过跨界行为与外界建立互动和联系，获取异质性的资源和信息，从而更好地帮助团队和组织实现预期目标。跨界行为作为组织行为领域的一个重要主题，引起了学者们的广泛关注。在过去的 30 多年里，国内外学者对跨界行为的内涵、结构维度、前因与结果进行了探讨，并取得了许多有价值的研究成果，为该领域的知识积累作出了贡献。然而，有关员工跨界行为的研究仍存在许多有待完善之处。

归纳起来，该领域的研究存在着"三多三少"的特征，团队跨界行为的相关研究较多，而员工跨界行为的形成及其驱动机制研究较少（邓志华，张亚军，2019）；员工跨界行为对任务绩效影响的研究较多，而对创新绩效影响的研究较少（刘良灿，赵龙英，2019）；员工跨界行为的截面研究较多，而追踪研究较少（朱金强等，2020）。因此，有必要针对员工跨界行为的研究不足加以完善和弥补，从而回应相关学者的研究呼吁。本书拟通过两项多时点的研究，基于资源保存理论，探讨员工跨界行为的形成及其对创新绩效的作用机制，从而丰富员工跨界行为的驱动机制以及员工跨界行为和创新绩效的关系研究，进而对员工跨界行为理论知识的积累作出一定的贡献。

2.4 基于组织的自尊

自尊作为影响个体态度、动机和行为的关键内在要素，成为学术界的研究热点。它是个体自发形成的内在特质，贯穿于行为人生活的方方面面，无时无刻不对个体的心理和行为产生影响。通过对自尊概念的细化，Pierce 等（1989）提出了基于组织的自尊（Organization-Based Self-Esteem，即 OBSE）这一概念。由于基于组织的自尊能够更好地预测员工在组织中的表现，因而得到了学者们的广泛关注。经过 30 多年的发展，基于组织的自尊已得到了相对深入地探索。本书将围绕 OBSE 的概念、结构维度与测量、影响因素、实施效应等方面对其进行回顾。

2.4.1 概念

Pierce 等（1989）学者将 OBSE 定义为组织成员对自己通过履行组织角色能够满足自身需要的相信程度。这一概念反映了个体作为组织成员，在组织情境下能够感知到的自我价值，并认为与整体自尊相比，OBSE 对员工在工作场所的情感和行为，如工作满意度、工作绩效等，具有更显著的影响。随后，Pierce 和 Gardner（2004）又对"员工在组织中感知到的自我价值"这一内核加以强调，把 OBSE 重新阐述为个体认为自己作为组织成员是胜任的、重要的、有价值的程度。本书亦采用这种定义。

OBSE 是从自尊的概念发展起来的，可以说是自尊的一个层面。这两个概念都反映了个体对自身能力、价值的自我感知，这种感知也均会影响个体的心理和行为。基于此，Pierce 和 Gardner（2004）认为二者的影响因素也是相似的，他将 OBSE 的影响因素大致总结为工作环境的结构化程度、从其他重要个体处接受并内化的社会信息及个体的个人经历。只不过 OBSE 更取决于个体在工作和组织中的经历，具有更强的情境特点，而由于这一特点，二者的差异也是明显的。

宝贡敏和徐碧祥（2006）总结指出，OBSE 和自尊主要有以下三方面区别：第一，二者的范围不同，OBSE 是自尊的一个方面，是组织层面的自尊，因此既具备与整体自尊一致的内涵，其作用机制又更加聚焦于组织情境，这也与 Pierce 等（1989）的观点相似。第二，稳定性不同，自尊形成于个体长期以来的个人经历，具有一定的稳定性，不会轻易改变；但 OBSE 是在组织情境下的工作经历中形成的，对具体的工作环境、工作经历等有很强的依赖性，会受组织内外部情况的影响而变化。第三，预测能力不同，与整体自尊相比，OBSE 对个体在工作环境中的情感和行为变化有更强的预测作用（Pierce et al., 1989）。

2.4.2 结构维度与测量

目前有关基于组织的自尊的结构维度主要分为单维和二维两种。其中，Pierce 等（1989）开发的 10 题项单维度 OBSE 量表得到学术界的广泛应用。然而，该量表在许多个人主义文化氛围浓厚的国家被证实是单维量表，但在一些集体主义文化导向的东方国家，该量表的维度划分却得出了不同的结论。如 Lee（2003）在对韩国银行员工的 OBSE 前因变量研究中发现，Pierce 的 10 题项量表在韩国情境下应用时，有 8 个题项属于同一因子，2 个题项属于另一因子，这两个题项是"我可以在这里有所作为"和"我是有价值的组织成员"，Lee 在其研究中删去了这两个题项，使用修改后的 8 题项量表，这是首次有实证研究发现 Pierce 量表在一定条件下可以呈现两个维度；此外，潘孝富等（2012）基于中国情境，把 OBSE 定义为"员工因作为特定组织成员而感到受到他人或社会的尊重，从而获得一种基于组织的自豪感和有价值感"，由此把 Pierce 经典量表的题项分为基于组织的自豪感和价值感两个维度，共 7 个题项，并对修改后的量表进行了信度和效度检验，均得到了较好的结果。他们还推测该量表在中国出现二维结构的原因是在中国传统文化的影响下,组织成员更加关注所在组织的名声和社会评价,因此成员对组织的自豪感和价值感在中国情境中发挥了重要的作用。

不少研究指出,OBSE 的维度与组织及其成员所处的具体文化环境有关,这与 Pierce 提出的文化会对 OBSE 量表产生影响的推测相呼应。但遗憾的是,目前的理论研究多聚焦于对基于组织的自尊的结果变量的探索,对文化如何影响基于组织的自尊缺乏深入研究。虽然有东方学者根据本国情境对 Pierce 经典量表进行了修正,如潘孝富等(2012)把这一量表重新划分为自豪感和价值感两个维度,但这一划分方式的信度、效度和普适性还有待商榷,并且这些研究仅是在原量表基础上进行的小幅度调整,至今仍没有学者开发出新的、适用性更强的量表。对中国学者而言,开发一套更具针对性的、中国情景的 OBSE 量表,或许是未来 OBSE 研究的新方向。本书采用 Pierce 等(1989)开发的单维的 10 题项量表,该量表的信度和效度已经得到了大量的实证检验,能够有效地对组织成员的 OBSE 水平进行反映。

整体来说,有关 OBSE 的研究在对该变量进行测量时仍然采用 Pierce 等(1989)开发的经典量表,并根据研究的具体情境和样本的特点对个别题项进行删减和修改。本书回顾了对 Pierce 量表(1989)进行过调整的文献,并选取其中较为重要的、具有代表性的研究对其进行梳理,将其对 Pierce 量表(1989)的调整总结归纳如表 2-4 所示。

表 2-4　　　　　　　　基于组织的自尊的测量

	研究者(年份)	维度	题项
一维	Pierce 等(1989)	—	10 题项
	Lee(2003)	—	8 题项
	Cremer 等(2005)	—	4 题项
二维	潘孝富等(2012)	基于组织的自豪感 基于组织的价值感	7 题项

资料来源:本书根据文献整理。

2.4.3 影响因素

OBSE概念被首次提出时，Pierce等（1989）指出员工的OBSE主要受到组织的结构化程度、重要个体的评价和员工在工作中的经历三个因素的影响，这些因素会影响个体对自身的喜爱程度和对自己能力的信任程度，从而影响个体的OBSE。随着OBSE研究的逐渐丰富，对OBSE前因变量的讨论也越来越丰富，本书通过将从个体因素和情境因素（领导因素、组织因素等）两个方面分别对OBSE的前因变量进行归纳阐述。

(1) 个体因素

从本质上说，OBSE是员工的一种自我感知和自我评价。根据自己在组织中的表现，员工是否认为自己作为组织成员是胜任的、有价值的，与员工的个人特质、工作行为等密切相关。首先，从员工个人内在特质的角度出发。根据情绪泛化假说，在一般情况下对自己有较高评价的个体，在某些具体情境下也会对自己有较高的评价或其他较为正面的反馈，有学者据此进行实证研究，发现员工的一般自尊（Chen et al., 2004; Vecchio, 2000）、核心自我评价（Pierce & Gardner, 2009）会促进员工的OBSE，一般自尊或核心自我评价更高的员工，也具有更高的OBSE。而出于对员工的"自我"这一概念的关注，Gardner和Pierce（1998）发现，自我效能感与OBSE正相关。自我效能感是指个体认为自己能凭借自己的能力完成工作任务的程度（Bandura, 1977）。自我效能感高的员工相信自己能够出色地完成工作任务，从而提高自己作为组织成员的满足感——即员工越相信自己有能力完成工作，越认可自己在组织中的价值，因此获得更高的OBSE。这一观点也得到了亚洲情境下实证研究的验证（Lee, 2003）。另外，员工勤奋程度（Ghorbani & Watson,

2005）、组织使命感（Liao et al., 2021）、工作及组织控制点（Chen et al., 2004）都能够对基于组织的自尊产生显著影响。

员工在工作环境中的行为及经历，也是影响 OBSE 的重要因素。根据自我一致性理论，个体的语言、行为等是其内在的动机、态度等的外在表现，二者会呈现一致性。因此，个体的自尊是由个体的行为、经历塑造的。Gardner 和 Pierce（2016）通过收集了来自三家美国计算机和手机配件制造公司的数据，共涉及 1367 名员工和 121 个团队，对员工在工作团队中的经历与员工 OBSE 的关系进行了研究。研究结果显示，员工在团队工作中的参与度与员工 OBSE 存在正相关关系。具体来说，员工感知到的工作参与度和团队融入度越高，员工越有在工作中取得成功的机会，取得成功后也会获得更高的满足感，从而获得更高水平的 OBSE。

此外，汪海霞和王娜娜（2021）提出员工的优势使用与员工 OBSE 显著正相关。员工优势使用是指员工为了完成工作任务而主动使用其具有优势的知识或技能的行为，优势使用能提升员工的工作技能和工作效率，使员工在工作中感知到更多角色胜任力。另外，优势使用还能令员工在与组织中的其他人进行比较时获得比较优势，更高的相对评价也有利于员工的 OBSE 水平。

（2）情境因素

组织支持。人际相关的因素会对员工的 OBSE 产生显著影响，有研究发现，来自领导和同事的支持与员工 OBSE 显著正相关（Bowling et al., 2010；Lee, 2003；Pierce et al., 1989）。此外，基于归因理论，Ferris 等（2009）认为组织中的员工如果能感受到较高的来自组织的支持，员工将从中获得归属感，从而把自己看作组织重要的一员。

领导方式。在"重要个体"中，领导对员工的影响更为直接和强烈，这一点在权力距离大、重视权威的中国表现得尤其明显。重要个体对员工的影响方式也不仅限于 Pierce（1989）最初提出的"对员工的评价"，领导者的领导方式、领导行为都会对员工 OBSE 产生相应影响。根据当前对领导风格与 OBSE 的关系的研究，我们发现这些研究得出了较为一致的结论，即员工在组织中感受到的受信任程度越高，越容易产生较高的 OBSE，因此更加民主、开放、高员工参与度的领导风格更有利于获得较高的 OBSE 水平，而较为专制、严厉的领导方式，往往与 OBSE 呈负相关关系。但这一趋势的边界条件还有待探讨。有研究发现（Chan et al., 2013），家长型领导的威权领导维度与 OBSE 负相关，但仁爱领导维度会减弱威权领导给员工带来的不被信任感，"中和"威权领导给 OBSE 带来的负面影响。Kim 和 Beehr（2018）通过内在动机原则研究了授权型领导对 OBSE 的影响，授权型领导向下属授予权力，鼓励员工参与决策，提高员工在工作中的参与感以激发员工内在动机。在这一过程中，员工能获得充足的被信任感和自我价值感，并能在授权过程中感知到领导对自己能力的认可，从而在工作中获得更高的自信。谦逊型领导也被证实对 OBSE 有正向影响（张征，2021），谦逊型领导能够坦承自己的不足，欣赏下属的优点，虚心向他人请教并接受反馈（Owens & Hekman, 2012），这对于提升下属的被信任感、领导—成员交换关系（Liu et al., 2013），从而提高他们的 OBSE 有积极的作用。

管理行为。还有研究指出，控制性的管理行为对 OBSE 有负向影响，而共享性、发展性、未来倾向性的管理行为则对 OBSE 有积极影响（Norman et al., 2015）。控制性管理行为往往出于对员工自我管理能力和决策能力的不信任，这会使员工感到自己在组织中没那么重要，也难以发挥自己的价值。但如果领导的管理行为能把员工纳入未来发展计划，并为每位员工提供充足的发展机会，员工会感知到自己是组织的一分子，感到自己受到组织的重视，也就会产生较高的 OBSE。

组织结构。OBSE 是在组织情境中产生的，必然无法脱离组织结构对其带来的影响。机械化的组织设计意味着高强度的外部监管环境，组织结构越机械化，员工在工作中自我指导、自我控制的机会越少，不被信任感越强，这会显著降低员工的 OBSE 水平（Pierce et al.，1989）。

工作特征。作为组织结构重要一环的工作设计也对 OBSE 有着不可忽视的影响。研究证明，工作复杂性（Pierce et al.，1989）、工作丰富性（Pierce & Gardner，2009）、工作自主性（Bowling et al.，2010）均与 OBSE 存在正相关关系，员工在完成工作的过程中能感受到的成就感越强，越能体会到自己在组织中的价值，进而产生更高的 OBSE。

组织—成员关系。在最近的文献中，也出现了关于组织—成员关系对 OBSE 的影响的研究。如阳毅等（2022）通过对 22 家企业进行数据收集，发现组织差别对待能够对 OBSE 产生显著的正向影响，进而有利于提升员工的工作幸福感，这一机制受到员工年龄的调节，较为年长的员工对组织差别对待的反应更加积极。

2.4.4 结果变量

关于 OBSE 作用机制的研究相当丰富，OBSE 的结果变量涉及组织与个体两个层面，大多是通过认知一致性理论、自我一致性理论、需求理论、自我提升理论等进行解释的。当前研究主要聚焦于 OBSE 对员工行为的影响，因此本书重点梳理了 OBSE 对员工态度和行为的相关研究。

（1）工作态度

组织承诺。组织承诺是个体对所属组织的一种心理归属感和认同感，被学者们普遍视为一种重要的员工工作态度。Meyer 和 Allen（1991）把它分为情感承诺、持续承诺和规范承诺三个维度。许多研究都发现 OBSE 对组织承诺有着显著的影响。Pierce 及其团队（1989）首先验证了 OBSE 对组织承诺具有积极影响，Lee 和 Peccei（2007）也发现 OBSE 与情感承诺存在正相关关系。基于自我一致性理论（Korman，1976），Bowling 等（2010）对 OBSE 与组织承诺之间的正相关关系进行了解释。随后，Panaccio 与 Vandenberghe（2011）通过该理论进一步发现 OBSE 与组织情感承诺、领导情感承诺正相关，还负向影响组织持续承诺的维度之一——就业替代缺失。

工作满意度。工作满意度是员工自发产生的对工作的一种积极情感状态。出于认知一致性理论，OBSE 较高的员工认可自己在组织中的价值，满意自己在工作中的表现，因此对置身于其中的组织情境和工作也有良好的满意度（Bowling et al.，2010；Pierce et al.，1989；Pierce & Gardner，2004）。另外，Gardner 和 Pierce（2016）还验证了在团队情境中，OBSE 对成员的团队满意度也有显著的积极影响——团队成员在本团队感到的工作参与度越高，会产生越高的 OBSE 水平，由此获得更佳的工作体验感，进而提高成员对团队的满意度。

离职意向。离职意向是组织管理过程中致力于避免的一种员工消极工作态度，离职意向的出现可能导致员工离职行为，造成人才流失。研究证明，具有高 OBSE 的员工往往具有更低的离职意向（Bowling et al.，2010；Panaccio & Vandenberghe，2011；Pierce et al.，1989；Pierce & Gardner，2004；朱征等，2022）。具体来说，OBSE 的本质是员工在组织中感到满足感和价值感，OBSE 水平越高，意味着员工认为自己在组织中越被重视、越有价值。离职意向的重要来源正是员工满足感的降低（Weitz & Nuckols，1955），高水平的 OBSE 能够保证员工在组织中获得良好的心理体验，从而削弱员工的离职意向。

（2）工作行为

基于自我一致理论，Pierce 等（1989）认为员工的工作行为会与他们在组织中的自我认知相匹配，以维持与自我形象的一致，即具有高 OBSE 的员工会倾向于作出对组织有益的行为，并避免参与不利于组织

第 2 章 理论基础与文献综述

的行为;反之,具有低 OBSE 的员工作出积极行为的意愿更低,甚至有可能引起消极行为。本书选取了一些重要工作行为,对 OBSE 和它们的关系的研究进行了综述。

创新行为。创新行为是一种重要的角色外积极行为,OBSE 被证实能够有效促进员工创新行为。与工作绩效不同,创新虽然有利于组织的发展,但属于角色外行为,且创新过程存在一定程度的风险,因此员工的创新意愿更易受到所在组织的氛围和上级行为的影响。汪海霞和王娜娜(2021)发现,OBSE 对创新行为的促进作用会受到组织差错反感文化的负向调节,当组织对员工犯错的包容性低,员工为了避免犯错会减少存在风险的创新行为。也有学者发现(Wen et al.,2021),OBSE 对创新行为的积极影响受到灵活人力资源管理的正向调节,高 OBSE 的成员认可自己在组织中的价值,因而有更多的创新意愿,灵活人力资源管理鼓励员工自由选择如何工作并给予员工相应的资源,这使员工获得了实现创新意愿的机会,从而将其实践为创新行为。

组织公民行为。组织公民行为是指对组织有益但尚未在组织的薪酬奖励体系中规定的行为,OBSE 能够正向的预测员工的组织公民行为(Bowling et al.,2010;Dyne et al.,2004;Kim & Beehr,2018;Liao et al.,2021;Pierce et al.,1989;潘孝富等,2012)。特别地,黄勇和彭纪生(2017)通过自我认知理论,分别验证了 OBSE 对人际指向和组织指向两个层面的组织公民行为的影响,发现 OBSE 与组织指向的组织公民行为呈正相关关系,而与人际指向的组织公民行为之间的关系没有得到支持。

建言行为。实证研究证明,OBSE 与组织成员的建言行为有正向关系。Liang 及其团队(2012)认为,具有高 OBSE 的个体具有更高的心理安全感且更有积极参与工作的意愿,因此他们在工作中愿意并能够积极对工作和组织发声。谢江佩等(2020)提出,OBSE 与员工的建言行为存在正相关关系,且这种关系受到成员亲社会动机的负向调节作用,亲社会动机越低的成员，在考虑是否采取建言行为时越会理性地考虑自己的建议是否会被接纳、自己是否能从建言行为中获得积极收益，因此其 OBSE 水平的高低对其进行建言的意愿影响更显著。OBSE 对管理者建言行为的正向影响也得到了验证（Wang et al.，2010）。

偏差行为。偏差行为是指组织成员违背组织规则、危害组织或其他组织成员利益的行为，多来自于在组织中自尊心和归属感的缺失（Thau et al.，2007），因此从理论上来说，OBSE 将负向影响员工偏差行为。实证研究证明了二者间的负相关关系。基于归属理论，Ferris 等（2009）发现，OBSE 在组织支持和偏差行为间起到了完全中介作用，OBSE 对偏差行为具有负向影响，即使控制了偏差行为的两个影响因素——人格特质和角色压力，OBSE 和偏差行为间的负相关关系仍然显著。Kim 和 Beehr（2018）的研究指出，作为重要的心理要素，OBSE 对组织导向和人际导向的偏差行为均有显著负向影响。

（3）工作绩效

工作绩效一直是组织行为学关注的焦点，怎样能提高员工的绩效是组织实现其经营目标要关注的重要问题。事实证明，OBSE 与员工工作绩效间存在显著的正相关关系。学者们对 OBSE 和工作绩效的影响机制，多从自我一致性理论、自我强化理论展开。Pierce（1989）认为员工的绩效表现会与其对自我价值的认知保持一致，因此高 OBSE 成员会期待自己实现更佳的绩效。Chan 等（2013）通过一个主管—下属配对研究发现，下属的 OBSE 与其任务绩效呈正相关，主管的领导风格会影响下属的 OBSE 水平。Liu 等（2013）根据 Motowidlo 和 Scotter（1994）提出的二维绩效划分方法，分别研究员工的任务绩效和关系绩效与 OBSE 的关系，结果显示 OBSE 与员工的任务绩效和关系绩效均存在正相关关系，且这一过程受到来自上级的职业生涯指导的正向调节。

将上述研究成果通过一个整合性模型加以呈现，如图 2-3 所示。

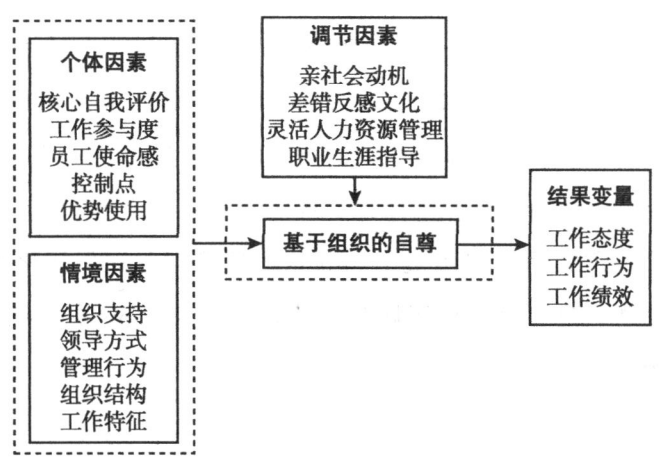

图 2-3 基于组织的自尊的前因与后果

资料来源：本书根据相关文献整理。

2.4.5 小结

基于组织的自尊是组织情境下个体对自身能力和价值的评价，在这一构念提出的 30 多年中，研究者们从不同角度对其概念、结构与测量、影响因素与实施效果进行了较为系统地探索，取得了较为丰硕的成果（陆欣欣，涂乙冬，2014）。然而，目前的研究还存在一些有待完善之处，值得进一步探索。比如，基于自尊的自尊是否在谦逊型领导和员工跨界行为之间起到桥梁作用，相关回答并不多见。尽管有研究从社会认知、社会认同、内在动机、自我概念、社会信息加工等理论视角探讨了谦逊型领导和员工跨界行为之间的关系，且相关学者指出，基于组织的自尊的情境性特点使其在解释领导行为与员工工作结果的关系方面具有独特的优势（陆欣欣，涂乙冬，2014），但少有研究通过资源保存理论，探讨基于组织的自尊作为一种心理资源（Xanthopoulou et al., 2009；王啸天等，2019），是否在谦逊型领导和员工跨界行为之间起到中介作用。如前所述，充足的资源是员工从事跨界行为等资源投资行为的必要条件（Barbier et al.，2013；Hobfoll，1989）。鉴于现有研究的不足，本书拟基于资源保存理论，引入基于组织的自尊，检验其在谦逊型领导和员工跨界行为之间的中介作用，从而进一步揭示谦逊型领导对员工跨界行为作用的内在过程，回答"谦逊型领导这一情境资源如何转化为员工个体的心理资源，进而促进员工跨界行为的"问题，从而丰富这一领域的理论研究。

2.5 环境不确定性

2.5.1 概念

组织中开展的所有活动都不可能独自进行，其必须依赖一定的环境并对环境的变化作出及时反应（Lueg & Borisov，2014）。这里所说的"环境"即组织所处的环境，是一个由多种因素组合而成的复杂的系统。环境构成与变化所引起的不确定性是决定组织与环境之间关系的一个重要特征，是企业生存与发展必须要应对的权变因素。因此，在管理研究领域，学者们更多的是研究组织环境的不确定性（唐泳，赵光洲，2010）。目前有关环境不确定性的定义可以分为外部环境观和内外环境观。

早期大多数学者主张外部环境观，认为环境是以组织自身为界，存

第 2 章　理论基础与文献综述

在于组织以外的、对组织产生影响的一切事物，环境不确定性也是来源于外部环境的影响。Dill（1958）则是将外部环境进一步分为了一般环境和任务环境。而罗宾斯（1997）将这种对组织有影响的外部机构或力量分为了一般环境和具体环境两部分。一般环境指那些对组织有潜在影响，但是它们之间的联系尚不明确的力量，包括组织的经济条件、政治条件、社会条件等；具体环境也称任务环境，就是与实现组织目标直接相关的外部环境，包括组织的供应商、顾客、竞争者、政府机构和公众等。之后，学者们通过组织与环境间的理论研究，发现了环境边界的多重性。Osborn 和 Hunt（1974）首次对此进行研究，通过对组织活动与环境边界之间的关系的梳理提出了环境三重边界模型，将组织环境划分为宏观环境、集聚环境和任务环境三种类型。其中，宏观环境是从宏观经济的角度出发，描述特定地理区域的总体情况；集聚环境是指宏观环境中的一系列企业所构成的产业和集群；任务环境又是在集聚环境中与特定组织目标完成有直接关系的组织。Castrogiovanni（1991）在 Osborn 等人研究的基础上对环境三重边界模型进行拓展细化，补充了子环境和资源环境，构成了较为完整的环境五重边界模型。其中，子环境是指组织内特定部门或者子单位所处的任务环境；资源环境是基于资源依赖理论所界定的环境范围，指组织为满足特定的资源需求所需要面临的环境。

基于外部环境观，环境不确定性的定义就是外部环境各因素不确定性的综合。比如，Doll 和 Vonderembse（1991）把这种环境不确定性定义为客户、供应商、技术和竞争者的变化程度。Waldman 等（2001）提出环境不确定性是反映外部环境变化的不稳定性和不可预测性程度，领导会根据不同的复杂程度去搜集不同的资源来完成任务。此外，Zhang、Vonderembse 和 Lim（2002）进一步将其分为客户不确定性、供应商不确定性、技术不确定性和竞争不确定性。Mckelvie、Haynie 和 Gustavsson（2011）将环境不确定性定义为未来环境各要素变化，例如市场、技术、竞争等的不可预测性。

此外，还有学者运用整体系统的思维提出了内外环境观，认为环境是组织内部和外部的综合，同时外部环境持续变化的状态会导致组织内部的不确定（唐国华，章雨晨，2013）。如 Duncan（1972）考虑到组织决策过程要结合社会和实体，将环境分为内部环境和外部环境，认为环境不确定性是由于相关环境因素信息缺乏、无法得知决策结果、不能知道环境对决策的影响而难以决策的情形。此外，席酉民（2001）认为企业内部环境主要讨论企业内部氛围、企业组织制度和政策形成的感受系统，而外部环境主要是企业发展必须依赖的和无法回避其影响的企业外部系统。Priem 等（2002）也加强了对内部环境的关注，在研究环境不确定性时，除了考虑国际竞争、产业优势等外部环境，也充分考虑了组织内部的人力资源和生产成本等内部环境。

通过对环境不确定性的深入了解，学者们发现环境的不确定性不仅仅是源自组织内外环境中的客观存在，更多的是来源于组织相关者对环境感知。他们认为只有当组织管理者、决策者感知到环境中的不确定性，才可以采取措施来应对组织环境不确定性带来的影响。客观环境需要先被组织感知，然后影响组织行为和决策选择，进而影响组织绩效和决策结果。感知到的不确定性不仅受到被感知环境客观特征的影响，也会受感知过程以及感知者自身经验和认知的影响（李鹏飞等，2014）。基于此，Milliken（1987）将环境不确定性定义为个体感知到自己无法对外部环境变化作出准确地预测。环境不确定性包含的风险会让组织成员感到焦虑不安，影响组织成员的工作行为和判断能力。这种感知的不确定性具体会产生三个方面：一是状态不确定性感知，即无法确定事件发生的可能性；二是效果不确定性感知，即没有能力估计事件所带来的后果；三是反应不确定性感知，即无法预测相关决策所带来的反应。

总体而言，目前有关环境不确定性的内涵尚未达成一致意见，但

Milliken(1987)的定义得到了国内外学者的广泛引用,本书也采用其定义,即个体感知到自己无法对外部环境变化作出准确地预测。

2.5.2 环境不确定性来源

不确定性来源于主观和客观两个方面。客观世界的复杂多变导致了自然状态的不确定性,主观对客观的所处状态的认识的有限性也造成了不确定性。主观与客观的相互作用及背离是环境不确定性形成的原因。通过对相关文献的搜索和整理,目前环境不确定性的理论主要包括信息基础理论和资源依赖理论。这两个理论分别从主观和客观的角度来阐述环境不确定性的来源。

(1)主观角度——基于信息基础理论

Bernard(1938)首次提出信息基础理论来解释环境不确定性的来源,他认为环境的不确定性来源于人们处理信息的局限性,即人们获取和理解信息的能力是有限的。Lorschand、Lawrence 和 Lorsh(1967)认为企业管理者作为有限理性人,很难在有限的时间内运用有限的认知内完全掌握企业复杂的外部环境,但是他们又必须及时作出决策,这就形成了一种环境不确定性。另外,管理层对企业外部环境中的机遇和挑战的认知最终决定了企业要采取的战略行动(Duncan,1972)。主观认识受时间、信息和人的自身知识、预见能力的限制,使主观认识具有局限性,并与外部环境的复杂性、丰富性及无限性之间的矛盾,这正是环境不确定性之存在原因。因此,该理论主要从主观的方面,即信息处理人的角度来解释环境不确定性的来源(Sharfman & Dean,1991)。

(2)客观角度——基于资源依赖理论

随着外部环境的动荡性加剧,不稳定程度进一步提升,Child(1972)提出了资源依赖理论,试图从另外一个角度解释环境不确定性的来源。这种理论认为企业为了自身的发展需要，会努力获取环境中对自身有利或必不可少的资源，但企业的这种控制能力是有限的，这就形成了环境的不确定性。当外部环境中对企业发展有重要影响的资源比较充足时，其外部环境就相对稳定；但当相关资源比较缺乏时，企业之间的竞争变得更加激烈，环境的不确定性就相应增加了。因此，企业想要更好的发展就必须建立起一种和从外部环境相适应的良好机制，尽可能降低环境不确定性来带来的负面影响。特别是当这种资源对企业发展越重要，而该种资源越稀缺时，环境的影响会越大。相比于信息基础理论，资源依赖理论主要从客观视角分析了环境不确定性的来源。

2.5.3 结构维度与测量

环境不确定性作为一种重要的组织或团队情境因素，会对组织和个体产生一定的影响。为了尽可能消除环境不确定性为组织带来的压力和恐惧，使组织与环境建立良好的互动关系，学者们尝试对环境不确定性这一复杂概念的维度进行度量，从而更加全面地认识环境中的不确定性。环境不确定性维度的研究经历了从单一到复杂的过程，早期部分学者倾向于将不确定性看作单维概念，比如，Knight（1921）指出不确定性是事件结果概率的不可知。Schmidt 和 Cummings（1976）等认为，不确定性涉及一种感知能力缺失。此外 Manolis、Nygaard 和 Stillerud（1997）认为，因为环境不确定性来源于事物所具有的多方面的特征与属性，所以它是一个多维的概念。

目前有关环境不确定性的多维结构主要分为两维和三维两种划分方式。其中，关于环境不确定性两维度分为了环境的动态性和复杂性。同时，大量研究表明复杂性和动态性是环境不确定性出现的先决条件。此外，Duncan（1972）把环境不确定性的程度按简单—复杂度和静态—动态度进行划分，看作是环境不确定性的组成部分。汤普森（2007）则将外部环境按两个维度划分即静态—动态维度和同质—异质维度，认为两者是独立的。环境复杂性描述了组织环境的结构环境，反映的是组织环境因素数量和种类的多少（吕鸿江，刘洪，2011）。环境动态性指由于竞争者和顾客等行为的不确定性和无法预测引起的组织环境的变化和更新，主要包括环境变化的频率和变化的幅度等（Miller & Friesen，1983）。环境复杂性横向来说明环境宽广度，当环境越复杂时，组织需要考虑的环境因素越多，环境不确定性越高；环境动态性纵向说明环境的变化程度，当环境越不稳定，组织需要经常变革来应对环境的动荡，环境不确定性越高。此外，还有学者根据 Miles 和 Snow（1978）提出的构成组织外部环境的因素和中国企业所处的环境加以修订，每个维度有 11 条测量题项，如经销商、用户、原材料供应商等。

在两维度测量的基础上，还有学者引入了其他形容环境不确定性的特征，如丰富性，从而形成了环境不确定性的三个维度。如 Child（1997）在测量该维度时所用的是可用性，用来反映环境中资源的可利用性。与 Child 的研究类似，Dess 和 Beard（1984）认为，丰富性是指支持组织成长的环境资源可用性。Sharman 和 Dean（1991）则指出，环境不仅为组织提供资源，环境中的某些要素还与组织一起共同为这些资源进行竞争。而赵锡斌（2007）提出了关于描述内部环境与外部环境不确定性的维度——非均衡性。这里的非均衡性是借用了经济学中"非均衡"的概念。在经济学中，非均衡是指某经济主体在给定条件下，还存在调整自身行为空间的状态。同样，实际的企业管理过程是在非均衡的内外环境中，不断寻求企业与环境之间从非均衡到均衡的过程。企业环境不确定性的非均衡性主要表现为以下几种情况：一是外部环境本身的非均衡，即企业外部各因素之间失衡；二是企业内部环境的非均衡，即在企业内部系统不同要素之间的不平衡；三是企业内部环境与外部环境之间的非均衡。此外，张黎明（2008）认为，对环境不确定性的考察可以归纳为三个方面：动态性、复杂性和敌对性。动态性和复杂性主要是从外部环境作为信息来源的角度分析组织所面临环境的不确定性，而敌对性则主要是从外部环境作为资源来源的角度来进行分析。动态性是指法律规章制度、科技及环境的变化幅度和速度。复杂性即组织所处环境利害关系的复杂程度。敌对性即对组织战略制定有影响的可控制资源的重要性和可获得性。如果企业容易获得所需的资源，即对资源的依赖性不高，那么企业对环境的敌对性就弱，反之，敌对性就强。

本书通过梳理相关文献，总结出以下有关环境不确定性的结构维度和测量量表，如表2-5所示。

表2-5　　环境不确定性的结构维度和测量

	研究者（年份）	维度	量表
一维	Knight（1921）	结果概率的不可知	未开发
	Schmidtsm 和 Cummings（1976）	感知能力的缺失	未开发
二维	Duncan（1972）	复杂性、动态性	未开发
	汤普森（2007）		未开发
	吕鸿江和刘洪（2015）		未开发
	Miles 和 Snow（1978）		11题项
	张颖、顾远东和高杰（2020）		6题项
	杨卓尔、高山行和曾楠（2016）		5题项
三维	Child（1997）	动态性、复杂性、可用性	未开发
	Dess 和 Beard（1984）	宽松性、复杂性、动态性	未开发
	Aldrich（1979）	复杂性、动态性、包容性	未开发
	Miller 和 Friesen（1983）	动态性、难以预测性、异质性	未开发
	张黎明（2008）	动态性、复杂性、敌对性	未开发

资料来源：本书根据文献整理。

2.5.4 相关研究

环境不确定性在管理研究中的作用是一把"双刃剑",环境的不确定性约束了企业的行动,增加了经营的风险,增大了企业获取资源的难度,给组织运行、团队决策和个人工作都带来了压力。与此同时,环境不确定性的高风险也为企业的发展创造了高收益,企业会根据环境的变化作出战略调整,并会在不可预测的环境中激发组织、团队和个人的创新能力,为企业获取竞争优势。到目前为止,很少有学者把环境不确定性作为中介变量来进行研究。通过对大量相关文献的梳理,环境不确定性通过直接作用和调节作用两种方式影响组织。具体而言,一种是作为主要变量,研究环境不确定性与其他变量的关系作用,比如环境不确定性影响组织目标、战略、决策等;另一种是基于权变理论,将环境不确定性作为调节变量研究其他变量关系,从而对组织和个体产生影响。现就环境不确定性作为上述两个变量的一些文献以及观点进行综述。

(1) 影响效应

目前,已有研究主要集中在环境不确定性对组织制度层、组织战略以及组织结构的影响上。汤普森(2007)在前人研究基础上提出了组织的三层次分化模型,即制度层、管理层和技术层。认为环境的不确定性首先会影响组织的制度层,而组织制度层的变化又会引起组织战略和组织结构的变化,这个变化也蕴含着把环境不确定向确定转化的过程。

开放系统的组织为了降低外部环境的不确定性,需要减少对外部环境的依赖程度(武立东等,2012)。汤普森(2007)认为,其中一个减少依赖的方法就是管理层外引。Preffer(1972)也提出了通过董事会的"增选法"来减少对外部环境的依赖。Preffer(1972)还发现公司的规模、债务权益比例、国家法规和当地法规对董事会规模和董事比例有一定的影响。随后出现了一系列实证研究有力地证明了组织内部董事会对外部环境存在资源依赖。例如，Lang 和 Lockhart（1990）研究了行业竞争和资本市场两个环境要素对公司是否采用连锁董事的影响。Boeker 和 Goodstein（1991）发现了董事会结构随外部环境变化而发生的变化。这一发现挖掘了组织应对外部环境不确定性的微观基础，进一步证明了资源依赖理论背后的效率逻辑。

关于任务环境不确定性与组织战略之间关系的研究可以用权变理论进行解释（武立东等，2012）。有一些研究建立在该理论基础上，发现组织策略性选择战略的初衷是为了适应环境的不确定性要求，其遵循的是效率逻辑，因为只有适应环境的变化，组织才能够生存和成长。Tan 和 Litschert（1994）以中国的经济转型为背景，发现了感知环境不确定性和战略之间的关系，即在转型过程中环境不确定性增加，使管理者更倾向于采用防守型战略，而防守型战略与绩效存在正相关关系。为了验证环境与战略之间的协同关系，何铮、谭劲松和陆园园（2006）的研究表明，在外部环境的复杂性、动态性和威胁性都明显降低后，企业会得到很大发展空间，这时企业更倾向于采用进攻型战略，企业的长期导向显著增强。此外，唐国华（2010）通过对国内企业的实证研究，发现环境不确定性对提高企业开放度有促进作用，促使企业从技术战略向开放式的创新战略转变。随后，王玉荣、杨震宁和李军（2011）以中国制造业的企业为研究对象，探究环境不确定性对企业创造绩效的影响，认为环境的威胁性对于企业创新绩效产生的影响具有显著性，然而环境的动态性以及复杂性对于企业创新绩效的影响则不具有显著性。另外，申慧慧、于鹏和吴联生（2012）从企业融资约束的角度出发，对环境不确定性与企业投资效率进行研究后表明环境不确定性对投资的偏离度具有显著的正向作用。

任务环境不确定性与组织结构之间的关系同样可用权变理论进行解释。如 Lawrence 和 Lorsch（1967）的研究，可从复杂性、动态性和程序性三个维度来测量环境的不确定性，针对不同的复杂性、动态性和程序性组合，组织会采用不同的结构。然而，有一些研究对权变理论提出了质疑。比如，Koberg 和 Ungson（1987）得出了与权变理论相反的观点，即对外部环境的资源依赖程度越低，组织越倾向于采用有机式结构；环境和组织结构之间的匹配并不能解释组织的绩效；而组织的绩效与有机式结构相关。

（2）调节作用

环境不确定性的调节作用主要体现在同层次和跨层次两方面。其中，同层次中的调节作用表现为个体层面和组织层面。在个体层面上，大多研究集中于环境不确定性对于组织管理层的影响。比如，刘夏怡和彭纪生（2021）发现，当环境不确定性高时，执着谨慎的高尽责型领导会顶着压力去耗费大量的时间和精力，形成情绪耗竭，增加对下属的辱虐管理。此外，吴士画和顾建平（2021）认为环境不确定性在企业家灵性资本与利用式学习、探索式学习关系中发挥正向调节作用。高度的环境不确定性会激发企业家的灵性资本，他们的求知欲和创造力对促进双元学习具有积极影响。在组织层面上，环境不确定性越高，组织可以支配的资源和决策的弹性就越大，就越有利于发挥组织韧性等对组织创新产生的积极作用。比如，Sirmon、Hitt 和 Ireland 等（2007）则发现在较高环境不确定性的条件下，组织获取外部资源更有利于价值创造。另外，杨卓尔、高山行和曾楠（2016）探讨了环境不确定性对战略柔性对探索性创新与应用性创新的影响有正向调节作用。杨智、邓炼金和方二（2010）在国内外研究的基础上，分析了市场导向、战略柔性和企业绩效间关系，通过对湖南省 133 家企业进行调查后发现，环境不确定性对于市场导向与企业绩效之间的关系具有负向的调节作用，对于战略柔性与企业绩效之间的关系则具有正向的调节作用。

此外，有关环境不确定性所发挥的跨层次调节作用也引起了学者的兴趣。如 Waldman 等（2001）的研究表明，与环境较为稳定的情况相比，魅力型领导在环境不确定性较高的情况下对组织绩效的贡献更大。蒿坡、龙立荣和贺伟（2015）发现共享型领导主张团队成员间学习交流，互相分享彼此的信息，营造的激烈而又和谐的团队氛围。而环境不确定性会强化组织反思和团队成员内部交流，因此，环境不确定性会正向调节共享型领导与信息交换、激情氛围之间的关系。随后，王永伟和韩亚峰（2019）的研究表明环境不确定性能够显著调节 CEO 变革型领导行为与组织惯例更新之间的关系，高度的环境不确定性为变革型领导提供了更加宽阔自由变革空间，有利于实现组织管理更新，从而进一步促进组织绩效。韵江、宁鑫和暴莹（2021）在探究 CEO 过度自信与战略变革之间的关系时，加入了环境不确定性这一调节变量，提出面对高度的环境不确定性时，过度自信的 CEO 可以凭借着他们的能力和远见缓解不确定性给组织带来的压力，推动企业战略变革来获取竞争优势表现出"韧性效应"。

2.5.5 小结

随着乌卡时代的到来，环境不确定性成为组织和团队外部情境的重要特征，因而该构念近年来受到国内外研究者的广泛关注。已有研究探讨了环境不确定性所发挥的直接效应和调节效应，发现了环境不确定性尽管会对组织、团队和个体带来一定的压力，但其对强化积极领导行为的有效性得到了越来越多的文献支持。这可能是由于在环境不确定性的条件下，团队成员或个体需要一个有效的社会—心理情境，从而为发挥领导行为的作用效果提供了条件。尽管如此，有关环境不确定性对谦逊型领导作用的有效性检验尚付阙如。因此，本书拟引入环境不确定性，考察其在谦逊型领导和员工跨界行为之间的调节作用，并在此基础上，构建一个被调节的中介模型，从而深化这一方面的理论研究。

2.6 工作意义感

2.6.1 概念

工作作为个体社会价值和自我价值体现的一种重要方式,在个体生活中扮演着不可或缺的角色,工作意义感则是通过个体主观的体验并进行评价(Steger et al., 2012),是自身对于工作的看法和态度,从而影响到后续行为活动。目前已有对工作意义感的概念研究主要从工作和员工两个视角进行研究的。其中,工作视角方面,工作意义感被视作为一种工作特征或是工作关系,工作就是个体为了获得或维护工作本身或者是工作场所的特征(Fairlie, 2011)。同时,基于员工视角,有研究者从静态的角度提出工作意义感即以个体为核心的价值观与价值取向,而动态视角则是认为人的态度并不会长期保持不变,提出工作意义感是个体在工作过程中动态的主观感受以及体验。

(1) 工作视角

Hackman 和 Oldham (1976) 从工作视角探讨工作意义感的存在,他们认为工作的意义取决于工作中技能的多样性、任务完整性以及任务重要性,并且据此对工作意义感进行定义,认为工作意义感就是一种工作特征。该观点提出后,一些研究者在该定义基础上提出了相似的看法,如 Kahn (1992) 研究中发现,如果员工从心理层面感受到自己从事的工作意义非凡,这种感性激励能帮助员工更加努力投入到工作中,所以论证得出"员工能从心理上感受到的其工作意义"是来自工作特征。随后，Cascio（2003）进一步提出，除了收入、工作机会以及工作安全感等之外，工作意义也是一个重要的工作特征，而且是工作特征中最为重要的一个部分，起着决定性的作用。同样，Hoogervorst（2017）则认为工作意义感是一种能满足和实现员工对工作的普遍需求或欲望的工作场所特征。此外，孙永磊等（2016）认为工作意义是用以描述工作对于组织成员的重要程度，当员工感知到这项工作对其自身的重要性时，他们就会在工作过程中投入更多的时间和精力，会努力的探索新方法、新模式，尽最大努力完成工作。

除此之外，还有研究认为工作意义是基于工作关系而形成的，体现在各种关系之间。如Wrzesniewsk等（2003）表明，当人们谈论工作时，实际上是在讨论工作中的各种关系，例如工作与他人、工作场所或伟大事物（崇高使命等）等之间的关系。尤其是当个体与工作关系更紧密时，更能激发员工的积极行为，使员工体会到更加充实的工作意义（Berg et al.，2010）。中国是一个注重"关系"的社会，关系网络及其和谐平衡是个体体会到工作意义的重要原因（周文霞，孙健敏，2010）。尚玉钒和马娇（2011）也通过深度访谈指出工作意义感是工作者对个人与工作之间关系的一种认知。类似地，Dutton（2006）基于组织现场理论指出，只有基于共同的客观工作情境的成员关系的组织管理才能实现有效的组织过程，如团建等活动可以更好地促进员工的工作意义感。

（2）员工视角

随着研究的推进，研究人员逐渐意识到了工作意义的体现不仅仅是局限于工作本身，员工作为工作中的主体，其价值观与内在感受更能真实地反映员工对于工作的意义感。

从静态视角来看，工作意义主要强调工作对于员工意味着什么，工作在生活中有什么重要性，工作能带来什么（风笑天，2011），即员工对于工作的价值观和价值取向。工作价值观方面，学者将人们对工作的看法视作总的价值观的一部分，在这种观点中，工作意义就是工作价值观。如 Schwartz（1999）从需求层面考量，认为价值观是个体所追求的与工作有关的目标的表述，是个体的内在需求及其从事活动时所追求的工作特质或属性。而价值观取向则是将工作的意义细化分为不同的维度对工作意义进行解读。如 Bellah 等（1985）将工作价值取向分为谋生取向（Job Orientation）、职业取向（Career Orientation）以及使命取向（Calling Orientation）三种，其中谋生取向的个体重视物质回报；职业取向者则是追求更好的发展，更高的社会认同；使命取向则是员工把工作当成自身的一种使命，在工作过程中实现自身价值。而 Marjolein（2009）等学者认为工作意义是个体基于理想和标准来衡量一个工作目标的价值，他们相信并且能够挖掘出自己工作中的价值，以此作为实现自身追求的内在动力。魏峰等（2009）也证实了这一观点，指出员工能体会到更高的价值感和意义感时，更可能具备丰富的相关知识储备，从而有更强的动机与实施能力自由操纵与把控行为。

随着研究的深入，学者们认为，对于员工而言，工作意义并不是一成不变的，随着环境的不断发展和变化，员工对于工作的感知也在不断发生变化。工作意义感不仅基于静态的工作特征和个人价值观系统，很大程度上取决于组织的情境（宋萌等，2018）。当员工感受到工作能够让自己与更广阔的世界和目标实现连接，具有实质性和超越性，员工就会产生工作意义感。例如，Cartwright 和 Holmes（2006）认为工作意义代表着个体内在感受和心理认知，与所处的工作环境、组织表现有密切联系，会随着外界环境的变化而变化。类似地，Lavy 和 Bocker（2018）也进一步论证得出员工会通过工作中的自我表达来主观表达自身对于工作意义的感知。此外，国内学者也指出，工作中对自身、工作以及二者之间的平衡认知发生改变时，体验到的工作意义也不尽相同（尚玉钒，马娇，2011）。

综上所述，现有关于工作意义的概念尚未形成一致观点。然而，在组织行为学研究领域，工作意义感主要是从心理学的角度来定义的，强调个体积极的工作体验和感受（Rosso et al.，2010）。遵循先前的这些研究，本书将工作意义感定义为个体对他们在工作中所做的事情和他们所做的事情的重要性的理解（Wrzesniewski et al.，2003）。

2.6.2 结构维度与测量

与工作意义感的概念相似，其结构和测量维度也未形成统一的意见，目前工作意义感的结构维度主要包括单维和多维两种。

单维度。如 Spreitzer（1995）通过心理授权量表分量表来测量工作意义感，该量表包含 3 个题项，典型的题项如"我的工作对我而言是有意义的"。而 Ashmos 和 Dochon（2000）开发了单维度工作意义测量量表，该量表包含 7 个题项，例如"我所做的工作与我认为生活中重要的事情有关"。随后，May、Gilson 和 Harter（2004）开发了 6 个题项的单维度量表，包含"这份工作对我很重要"等题项，对美国中西部保险公司员工进行研究，测量其公司员工的工作意义感，具有较高的信度和效度，在中国组织情境下也得到广泛的验证。此外，Bunderson 和 Thompson（2009）开发了单维度 5 个题项的工作意义感量表，包括"我所做的工作很重要"等题项。该量表用于检验个体层面的工作意义感知。

多维度。虽然早期研究者认为工作意义感是一个单维度的概念，但是随着研究的不断发展，有学者指出工作意义感是一个复杂的多维度概念。目前其维度主要分为三维度或四维度，部分学者还开发了 7 个维度的工作意义感量表，但后者的应用还不够广泛。如 Chalofsky（2003）根据以往文献整理出工作意义感的三个核心成分：自我感觉、工作本身和平衡感，其中自我感觉意味着对自身完整性的评估，对人生目标的追求等；工作本身是指工作的性质以及工作中所面临的挑战等；平衡感则是个体与工作之间的平衡。此外，Morin（2005）通过实证研究的方式调查了加拿大四个组织的1087名员工，开发出五维度结构的工作意义感量表，分别为发展和学习、工作效用、工作关系质量、自主性以及道德正确性，共包含25个题项，如"我目前正在做我喜欢做的事情"。Rosso、Dekas和Wrzesniewski（2010）通过文献分析提取出工作意义感包含自我联结、个性化、联合以及贡献等四个成分。随后，Steger（2012）所提出的三维度工作意义测量量表，即积极工作意义、工作创造的意义和更良好的动机，其中包含10个题项。同时，Lips-Wiersma和Wright（2012）以新西兰167名员工为样本，论证结果发现了工作意义感包含发展与成为自我、充分展现潜能、联结他人、服务他人、平衡紧张、受到鼓舞、承认现实7个维度。

考虑到May等（2004）的量表具有较高的信度和效度，且应用较为广泛（Chaudhary，2020，2021），因此，本书拟采用其开发的6个题项的量表来测量工作意义感。

本书通过梳理相关文献，总结出以下有关工作意义感的结构维度和测量量表，如表2-6所示。

表2-6　　　　工作意义感的结构维度与测量

	研究者（年份）	维度	量表
单维度	Spreitzer（1995）	—	3题项
	Ashmos和Duchon（2000）	—	7题项
	May等（2004）	—	6题项
	Bunderson和Thompson（2019）	—	5题项
三维度	Chalofsky（2003）	自我感觉、工作本身、平衡感	未开发
三维度	Steger等（2012）	积极工作意义、工作创造的意义、更良好的动机	10题项

续表

	研究者（年份）	维度	量表
四维度	Rosso 等（2010）	自我联结、个性化、联合、贡献	未开发
五维度	Morin（2006）	发展和学习、工作效用、工作关系质量、自主性、道德正确性	25题项
七题项	Lips – Wiersma 和 Wright（2012）	发展和成为自我、充分展现潜能、联结他人、服务他人、平衡紧张、受到鼓舞、承认现实	未开发

资料来源：本书根据文献整理。

2.6.3 工作意义感的相近概念

（1）职业使命感

关于职业使命感的定义，目前还未形成共识。如 Bellah 等（1985）提出，职业使命感高的个体能够将工作和个人、社会结合在一起，在工作中实现自我，并为组织和社会创造价值。他们对职业满怀激情，并从中体验到极大的意义感；并且这一概念针对某一特定领域（Dobrow & Tosti – Kharas，2011）。与此相对应，有学者从动态角度探究职业使命感，指出职业使命感并非特定指向，而是指向一般化的工作情境（Steger et al.，2010），因此，是否具有指向性成为职业使命感争论的一大焦点。此外，职业使命感不能单纯使用有或无来描述，这是一个程度由强到弱的连续统一体（Dobrow & Tosti – Kharas，2011）。由此可见，个体的内在动机、对工作的信仰等能够推动产生高水平的职业使命感。除此之外，职业使命感还可能来源于外部力量，比如更高的权力、社会的需要等（Dik & Duffy，2009）；还有研究认为，职业使命感可能受外部与内部因素的共同作用（Zhang et al.，2015）。

通过梳理能够看出，职业使命感虽无统一定义，但与工作意义存在相同概念，也同样存在差异：首先，无论来源于外部因素、内部因素还是内外部因素结合，职业使命感都是一种行为导向力（Dik，Duffy，2009；Hunter et al.，2010；Hagmaier，Abele，2012；Zhang et al.，2015），而工作意义则强调是在工作中的一种主观感受和体验；其次，职业使命感的核心成分强调价值感和意义感，个体在某种职业中追求并实现其人生目标，从中体验到其人生价值和意义（Dobrow & Tosti-Kharas，2011；Dik & Duffy，2009；Hunter et al.，2010），就作用过程而言，职业使命感强调在工作中追求并强化意义感，工作意义也是处于一个动态变化的过程，在工作中不断提升和强化；最后，职业使命感通常包含服务社会的意愿，具有利他性或亲社会性倾向（Bellah et al.，1985；Elangovan et al.，2010；Hagmaier & Abele，2012），而工作意义主要强调自身工作的意义和价值，相比于使命感，其范围相对较小。

（2）工作旺盛感

工作旺盛感最早是由 Spreitzer 等（2005）所定义，他们针对"旺盛"一词所代表的朝气蓬勃、活力四射、积极向上的态度，将其定义为：在工作时，个体所体会到的学习和活力共存的状态。根据其定义，很容易可以判断工作旺盛感主要是由学习和活力两个维度构成。其构成原因在于，个体的心理成长体验主要伴随着情感和认知两个方面，其中，活力可以视作一种能量资源，这种资源能够帮助个体激发工作热情，反映个体情感（郑晓明，卢舒野，2013；Nix et al.，1999；Miller & Stiver，1997），而学习则是个体进步和提升自己认知的一个过程，二者从不同角度上解释了个人成长和发展，当二者结合起来时，才能够完整的形成旺盛感这一体验（Porath et al.，2011）。此外，工作旺盛感能够较合理的诠释快乐主义和现实主义的观点（Ryan & Deci，2001），即活力意味着个体对于工作有积极的态度，乐于去完成工作，符合快乐主义，而学习则是个体不断开发自身潜能，不断提升自身，这符合现实主义的观点。

工作意义感和工作旺盛感都强调对工作持积极的态度，其中，工作意义感强调的是在动态的工作过程中理解他们在工作中所做的事情的重要性（Wrzesniewski et al.，2003），即在这种意义驱使下，如何更好地投入到工作中去，而工作旺盛感虽然也是工作过程中的一种积极体验，但其蕴含了活力和学习两个维度，这意味着高工作旺盛感的个体不仅关注自身在工作中的成长和发展（韩翼，魏文文，2013），而且会体现出较强的情感体验。

（3）工作价值观

有关工作价值观的定义目前主要是从需求层面或判断层面进行定义（霍娜，李超平，2009）。需求层面的定义认为工作价值观是个体在管理工作中所表现出的自身的价值观，这种价值观会驱使他们追求工作情境重的目标和奖励（Schwartz，1999），此类定义强调拥有工作价值观的个体可以从工作中满足自身的内在需求。而另一种表述则是基于判断标准层面，持该种观点的学者认为工作价值观是个体对工作本身产生的有关于工作性质，工作原则，工作信念的认知，可以体现员工对工作的期待和追求，能直观地反映员工的行为及其意识形态，因此工作价值观被认为是反映员工偏好的相关标准（Dose，1997）。这两种表述虽然有所不同，但其内涵都认为工作价值观基于工作产生的一种信仰和观点，这些观点会引导个体去选择或执行与工作相关的行为。

不难看出，工作意义感和工作价值观有很多相似之处，但二者也存在一定的区别，工作价值观是个体从需求层面或判断层面对于工作态度的一种认知和体验（Schwartz et al.，2012），这是自身内在价值观的一种外显，是静态的，难以改变的。如上文所述，这可以视作是静态视角下工作意义的解读，但工作意义并非一成不变，而是在工作中动态变化和发展的（Lavy & Bocker，2018）。

（4）工作激情

工作激情其重点在于"激情"二字，是指对人们喜好的行为的一种倾向程度（Vallerand et al.，2003），即表达了个体对于某一行为的超乎寻常的爱。学者们认为，在工作场所，员工对于个体也会产生这种感情，这种感情也会促使个体投入大量的时间和精力到工作中去（蒋昀洁等，2017）。Vallerand等（2003）指出工作激情主要可以划分为情感、认知和行为三个维度，即激情起源于强烈的情感倾向，在拥有这种倾向之后，个体意识到应该产生相应的行为，进而投入自身资源如时间、精力等到工作中去。

从来源看，工作激情和工作意义感存在本质性的区别，工作激情所表现出的是一种对工作本身强烈喜欢的感情（Vallerand et al.，2010），意味着高工作激情的个体他们本身热爱这份工作，他们并不在意工作能带来什么，他们对于工作的态度即为他们内在的一种思考和感受。而工作意义则是描述了个体的一种关于工作目标、重要性的体验（Lips-Wiersma & Wright，2012），拥有工作意义的人清晰地认识到自身的目标和追求。这就意味当个体拥有较高的工作激情时，他们可能会在工作过程中找到工作的意义和价值（蒋昀洁等，2017），但拥有高工作意义的个体，并不代表他们对工作有发自内心的喜爱和追求。

2.6.4 影响因素

学者们针对工作意义感的影响因素展开一系列探索，可以大致分为个体因素和情境因素等两个方面。

（1）个体因素

有关个体方面的影响因素主要体现在个体特征、工作特征、内在动机以及价值观等方面。

个体特征。有研究指出，使命感和人格特质等因素对工作意义感均有产生影响，如Duffy等（2012）证实高感知职业使命感与践行职业使命感的个体对某领域产生的一种强烈而具有意义的激情，进而能体验到更高水平的工作意义感和工作满意度。同时，田喜洲等（2020）也指出，促进定向型个体会更加关注工作中积极的一面（如工作资源的提升），进而提升对于工作的意义。

工作特征。工作自主性、工作丰富化、工作反馈等工作特征会促进工作意义的产生（May et al.，2004）。如 Tims 等（2016）通过三个时点的调查发现工作重塑在帮助个体实现个人工作匹配的过程中增加了员工的工作意义体验。为了证实工作设计对工作意义的影响，Lawrence（2010）通过实证发现任务认同、自主性、技能多样化、任务重要性均能促使员工产生较强的工作意义。

内在动机。如 Allan（2019）等基于自我决定理论的结果指出，员工在工作过程中，如果拥有较强的工作动机，在工作时会拥有较高的积极性，更加愿意参与到工作中去，工作意义感的水平也会更高。

价值观。如 Rosso（2010）在综述中提到，个体自我超越等价值观是形成和影响其工作意义感的重要来源。国内学者也指出员工工作价值观，如内在偏好与创新导向可增强员工的自我效能感，提升其对工作意义的感知（侯烜方等，2021）。

（2）情境因素

领导方式。有关工作意义影响因素的研究中，领导方式是不容忽视的前因。现有研究发现，授权型领导（白静，王梦蕾，2020）、道德型领导（Wang & Xu，2017）、伦理型领导（王端旭，郑显伟，2014）以及领导—成员关系（Tummers & Knies，2013）等均对工作意义感有促进作用。例如，Ahearne 等（2005）基于心理授权视角指出授权型领导作为一种激励手段，可以提升员工的内在动机水平、工作意义以及自我效能感等。Brown 等（2005）认为，很多人善于从自身之外寻求道德指引，所以道德型领导可以通过制定工作目标和指引组织伦理来提升员工对于工作的意义感。随后，De Hoogh 等（2008）学者基于社会认知理论证实了道德型领导通过道德价值管理进一步提高了员工对工作意义的感知。此外，王端旭和郑显伟（2014）通过调查201名生产一线工人，发现伦理型领导通过描绘令人振奋的愿景，能促使下属体验到更强的工作意义，并且进一步抑制了员工被同事攻击的现象。

除了积极领导对工作意义感的影响之外，消极领导对工作意义感带来的影响也引起了学者的关注，如宋萌、王震和孙健敏（2015）结合归因理论和内在动机理论，发现辱虐管理会削弱员工的工作意义。此外，Bailey和Madden（2016）研究总结了导致员工工作无意义的"七宗罪"，提出领导待人不公、忽视员工付出、使员工的身体或情感处于危险和痛苦状态中以及阻碍员工间相互支持等领导行为都会降低员工的工作意义感。Chaudhary（2021）发现真实型领导通过企业社会责任感知对工作意义感产生正向影响。除了积极的领导方式外，辱虐管理等消极领导方式和工作意义的关系也引起了相关学者的兴趣，并发现了积极归因在两者间的负向调节作用（如宋萌，王震，孙健敏，2015）。

组织文化等。除了领导方式之外，组织情境也会对工作意义感产生一定的影响，已有研究证实组织文化（MeGree，2003）、组织管理实践（Bailey & Madden，2016）、企业社会责任等均会影响员工对于工作意义的感知。具体而言，MeGree（2003）发现，组织文化会逐渐改变个体对工作意义的认识，进而改变个体之后的行为和态度。张光磊等（2020）在理论回顾的基础上指出，集体主义人力资源管理实践能为员工提供工作保障和心理安全感，当员工在工作中能实现内心所需时，其工作动机会更强，工作意义感水平更高。

组织支持。Bailey和Madden（2016）指出，在同事之间、员工和经理之间以及组织工作人员和工作受益人之间支持、尊重和包容性的工作氛围会让员工能够给予和接受积极的反馈，传达共同的价值观和归属感，并欣赏他们的工作如何对他人产生积极影响。此外，组织支持能够在心理上给予员工一定的鼓舞，可以提高员工的工作参与度，进而提升工作中的意义（Rhoades & Eisenberger，2002）。

企业社会责任。如 Akdogan（2016）在研究企业社会责任与组织认同关系的过程中，发现企业社会责任感越强，个体的工作意义感水平也越高。国内学者基于社会认同理论，通过对 12 家企业员工进行问卷调查，也发现内部企业社会责任会通过组织支持感进一步促进工作意义感，而外部企业社会责任能激发员工的组织自豪感来影响员工意义感和积极性，当内外部企业社会责任不一致时，员工会因为行为与外部社会责任不匹配而无法感受到组织成员所带来自豪感和成就感，从而导致其工作意义感的流失（谢玉华等，2020）。

人际关系。工作意义感作为个体主观感受的一种态度和体验，其中与同事、领导以及客户等工作中的关系对于其日常工作也有着明显的影响。如 Grant（2007）通过实证研究证实了个体与同事良好的人际关系会对工作意义感产生积极的影响。Albuquerque 等（2014）通过对不同环境下的医护人员研究，发现员工在组织中有更大自主性和联系更加紧密时，医护人员的工作意义感更强。此外，Robertson（2013）基于社会网络视角，构建了工作场所关系（如强关系、弱关系）如何影响个体感知的工作意义感及其具体路径。与以往结论不同，该研究认为，不仅高质量的强关系会影响个体对工作意义的感知，其他类型的关系也会对意义感产生不同程度的影响。

2.6.5 影响效应

工作意义感作为员工对于工作的一种重要感知，与员工的工作态度和行为等密切相关，大部分研究采用实证方式证实了工作意义对员工的积极影响，也有少部分展示了工作意义可能造成的消极效应。

（1）积极效应

现有关于工作意义感的影响效应主要体现在对员工态度以及行为

的影响等方面。在工作态度方面，已有研究证实，工作意义对工作满意度（Bunderson & Thompson，2009；Fairlie，2011）、组织承诺（Fairlie，2011）、员工敬业度（胥彦，李超平，2019）以及职业道德水平（Highhouse et al.，2010）的积极影响。具体而言，Bunderson 和Thompson（2009）通过对动物管理员工进行调查发现，使命感取向高的个体工作意义感较强，他们在工作中满意度会比较高，而且会产生深深的组织认同感和归属感。Fairlie（2011）调查了北美 574 名员工，在控制其他工作特征变量后，进一步证实了工作意义感对组织承诺、工作满意度的正相关关系，但当工作意义感降低时，职业道德水平会随着时间的推移而下降（Fairlie，2011）。工作行为方面，Lin 等（2020）基于 Kahn（1992）的工作投入模型验证了工作意义在激发员工的工作投入中特殊作用。张建卫和刘玉新（2011）的研究也显示，当员工对于工作的意义感越强时，工作中出现的迟到、早退甚至缺勤的行为就降低，即工作意义能够抑制工作场所中的员工退缩行为。类似的，Muldoon 等（2013）学者也指出，工作意义感能提升员工在组织中的组织公民行为。魏华飞等（2020）学者进一步提出，当领导者向员工强调工作意义的重要性时，可以帮助他们更好的理解工作的价值，激发工作热情和工作自主性，促使员工积极展开员工创新行为。

此外，工作意义感还能提升员工动机。例如，Hackman 和 Oldham（1976）在建立工作特征模型的基础上进行实证调查，发现工作意义感作为一种工作特征，能有效地激发并维持员工积极的工作动机。Lips-Wiersma（2012）等基于两项定性研究开发工作意义量表的过程中也曾指出，工作意义在提升员工内在动机的同时，也会降低其外在动机。同样地，Koo 和 Fishbach（2012）进一步指出工作意义作为一种内在的激励，能够增加个体的内在创新动机。

（2）消极效应

以往关于工作意义感的研究大多是从积极方面去研究的，工作意义感虽然可以作为一种内在因素来调节员工在工作中遇到的压力等来展开积极行为，但是当其工作意义感过强时，也会对员工个体造成一系列的负面影响。例如，Bunderson 和 Thompson（2009）认为工作意义感对于员工而言是一把"双刃剑"，除了能够提升员工的工作满意度以及内在动机外，当工作意义过高时，他们会将工作视为一种道德责任和信仰，甚至愿意为工作而作出自我牺牲如放弃闲暇时间和金钱等，造成一定的身体损耗和物质损耗。此外，Kosfeld 等（2017）也指出工作意义过高会导致员工对工作投入过多，进一步导致情绪耗竭。

综上所述，目前有关工作意义影响效应的研究较为丰富，但仍存在一些分歧。随着研究进一步展开，目前学界更倾向于将工作意义感视作一把"双刃剑"，一方面能激发员工的工作热情，促进员工积极态度和行为的产生，另一方面过高或过低的工作意义感也会带来一系列的负面影响（宋萌等，2018）。总的来看，关于工作意义感的影响效应仍需进一步探讨。

将上述研究成果通过一个整合性模型加以呈现，如图 2-4 所示。

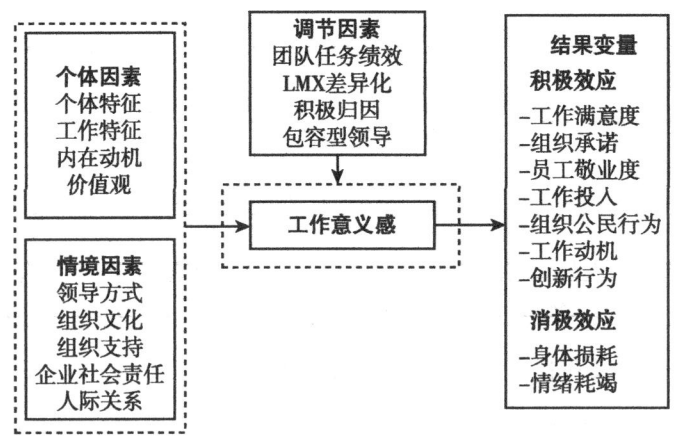

图 2-4　工作意义感的前因与后果

资料来源：本书根据相关文献整理。

2.6.6 小结

随着新生代员工逐渐进入劳动力市场，员工的工作意义感受到了学术界的广泛关注（宋萌等，2018）。研究指出，工作意义感能够从根本上激发员工的工作动机（Hackman & Oldham，1976），对个体生活和工作产生重要的影响（田喜洲，左晓燕，彭小平，2017）。然而，尽管已有研究取得了许多重要的成果，但这些研究仍存在许多有待完善之处。比如，在工作意义感的影响因素和作用机制方面，还有待进一步整合和完善。同时，目前研究仍缺乏对中国传统文化因素在工作意义感形成过程中所起作用的考察（宋萌等，2018）。鉴于此，本书基于资源保存理论，将工作意义感视为一种心理资源，检验工作意义感在员工跨界行为和创新绩效之间起中介作用，同时引入团队差序氛围，探讨其在员工跨界行为和工作意义感之间的调节作用，从而回答"员工跨界行为如何提升员工的心理资源，进而提升创新绩效的"问题，并回应相关学者的呼吁。

2.7 员工创新绩效

2.7.1 概念

创新最早由熊彼特在1912年提出，他认为创新是企业生存过程中不可或缺的一部分，企业在发展过程中想要持续生存下去，必须要具备这种能力。创新作为国家发展最重要的要素，同样也是企业发展的第一生产力，有效提高企业创新绩效的是提高企业核心竞争力的重要途径，而员工创新绩效是企业创新绩效的基础。因此，如何提升的员工创新绩效引起了学者的广泛关注。

早期关于创新这一概念主要是从创新想法和创新行为的概念进行定义，被认为是采用一种新想法、新实践或重大知觉的改变（Rogers & Shoemaker, 1983）。例如，Schumpeter（2002）指出创新可以从产品、方法、生产以及市场等几个方面进行，即创造新产品或者是在已有的产品上附加新特性；生产方式的革新；新市场的开辟以及新组织形式的形成。而 Janssen（2000）认为员工创新绩效实质是指员工以提高自身以及组织的工作绩效为目的，在日常工作中产生新的想法和解决思路等。随着研究的不断发展，学者们逐渐加深了对创新的理解，开始从创新意识采用和创新想法实施这两个过程进行定义，该重定义方式更侧重于创新过程和创新结果来进行研究。其中，过程论是指创新绩效是从出现新想法到落实，再到最后达成的一个一连串的过程。如 Mumford（2000）认为员工创新绩效是研发人员为实现创新目标所进行的一系列创新活动。而 Christensen 等（2001）根据创新过程中的不同作用和效用，将创新结果分为工艺创新的结果、产品创新的应用结果、美学的设计结果以及科学研究的结果4种。Gumusluoglu 和 Llsev（2009）认为创新绩效是员工基于创新想法的运用对组织绩效及发展作出的贡献。Malik 等（2015）则提出员工创新绩效是员工产生的与组织生产、服务等环节相关的新颖的、具有建设意义的想法，对于组织竞争优势的获取具有重要意义。韩翼（2011）则认为员工的创新绩效是员工在知识共享与转移的过程中，不断地将知识重点转移并保持其核心竞争优势的一种行为过程。结果论与过程论不同，所关注的是最后的成果，认为其是由新想法出现而最终创造出的结果。Amabile 等（1996）提出员工创新绩效是新颖的、有用的想法在个体、团体和组织层面的具体实施而取得的客观结果。沈海华（2006）则从技术创新的角度提出，创新绩效是技术创新活动所产生的能够直接测量的和感知到的直接经济效益和间接经济效益，包括专利、新产品销售率等。除了这两种观点之外，还有学者把二者综合起来，进行更加全面的总结。如姚艳虹和衡元元（2013）认为员工创新绩效不能一概而论，简单从行动的过程或是结果来看，而应该是全方位解释，包括个体从工作初期制定创新方案到方案实施以及最后结果呈现。Oldham 和 Cummings（1996）同样也将行为和结果都纳入到员工创新绩效的概念界定中，认为员工创新绩效是员工所产生的对组织有用的、新颖的产品、观点或流程。

2.7.2 结构维度与测量

对于员工创新绩效，学者也针对过程和结果两个角度对其进行维度划分。其中，以过程为导向的研究主要是用创新行为来测量创新绩效，而以结果导向的研究主要是以创新成果来衡量创新绩效。如 Scott 和 Bruce（1994）围绕着个体创新过程，开发了含有 9 个题项的问卷，主要是从个体产生、完善和实现创新的想法这几个方面进行测量。Janssen 和 Yperen（2004）则编制了包含"我经常在工作环境中引入创新想法"等 9 个题项的创新行为量表，是使用较为广泛的量表之一。而韩翼（2007）构建了用于测量员工创新绩效的包括创新意愿、创新行动以及创新结果等三个维度的测量量表，目前学术界在研究员工创新绩效的问题时多采用该量表。此外，Zhou、George（2001）开发的用于测量员工创造力的 13 题项量表也被部分学者用来测量员工创新绩效（Zhang & Kathryn，2010）。随后，侯二秀（2012）主要以创新思想的产生、实施与促进过程入手，参照前人的研究成果并结合自身访谈，也设计出包含

7个项目的知识型员工的创新绩效的测量量表。综合过程和结果两种观点，姚艳虹和衡元元（2013）对知识型员工的创新绩效的结构和测度进行研究，结果表明知识型员工的创新绩效包括两个维度：创新行动和创新效果，并开发出16题项量表。但目前被广泛使用的是Oldham和Cummings（1996）将两种观点结合起来设计出的量表，该量表包含3个题项，包括：该员工开发对组织有用的或原创的想法、方法和产品；该员工使用现有的信息或材料开发对组织有用的想法、方法或产品；该员工的工作具有创造性。本书亦采用Oldham和Cummings开发的量表来测量员工创新绩效。表2-7即为本书整合现有有关员工创新绩效的结构维度和测量的内容。

表2-7 员工创新绩效的结构维度与测量

	研究者（年份）	维度	量表
单维	Oldham和Cummings（1996）	—	3题项
	Zhou和George（2001）	—	13题项
二维	姚艳虹和衡元元（2013）	创新行动、创新效果	16题项
三维	Scott和Bruce（1994）	想法产生、想法提升、想法实现	9题项
	Zhou和George（2001）	创新意愿、创新行动、创新结果	13题项
	Janssen和Yperen（2004）	想法产生、想法支持或促进、想法实施	9题项

资料来源：本书根据文献整理。

2.7.3 影响因素

现有关于员工创新绩效影响因素的研究成果较为丰硕。研究表明，创新绩效受到多种因素的影响，主要可分为个体因素和情境因素。其中，个体因素包括人格特质、个体能力、情绪以及内在动机等，情境因素包括组织氛围、领导风格等。

（1）个体因素

研究指出，人格、动机、能力、期望和情绪等因素均会对个体创新绩效产生影响。如 King 等（2002）基于以往研究归纳出较高创造力水平的个体所拥有的一系列特征，包括自信、有个性、高智商以及渴望成功等。此外，Avey（2012）则认为个体的性格和智力会对其创新绩效产生影响，智力越高和性格越好会促进个体创新绩效的提升。Abukhait、Shamsudin 和 Al–Hawari（2022）基于特质激活理论，发现强迫性人格（Obsessive–Compulsive Personality）对员工创新绩效具有负向影响，且主管教练行为在两者之间起调节作用。王文婷等（2019）从人格特质和组织资源两个方面探讨员工创新绩效的影响因素，基于人格特质理论和资源基础理论，研究了前摄型人格与创新绩效的关系。实证分析结果表明，前摄型人格对于员工的创新绩效具有显著的正向影响，同时，工作形塑在二者之间起到中介作用，冗余资源起到正向调节作用。此外，易凌峰等（2021）在跨国研发企业存在多元文化团队的背景下，以跨国研发企业的员工为研究对象，对员工文化价值取向与员工创新绩效的关系展开研究；基于文化维度理论，研究表明低权力距离、弱不确定性规避、集体主义、柔性文化和长期导向的文化价值取向能够对员工创新绩效产生正向影响。除人格特质外，个体所拥有的能力也会对其创新绩效产生影响。例如，具有高创造力的员工有更多的创新意愿，也有更高的创造新知的能力，从而表新出更好的创新绩效（Bledow et al.，2009）。同时，创新成果的产生要求个体能够及时准确地更新自身知识储备，这受到个体自身知识基础以及个体知识吸收能力的影响（Cohen & Levinthal，1990）。张振刚等（2018）在相关研究的基础上进一步提出个体知识吸收能力能够直接或间接地对员工创新绩效产生积极影响，员工创造力在二者之间起中介作用，团队—成员交换正向调节个体知识吸收能力对员工创新绩效的影响。

创新绩效的高低不仅取决于创新活动的实现，还受到创新意愿的影响。个体所拥有的能力特质有助于创新活动的实现，而创新意愿的高低，则更多地受到个体内在动机的影响。Shally 等（2009）研究发现，在组织支持创新的情境下，高成长需要的员工可能获得更好的创新绩效；Zhou 等（2012）也表明员工问题解决需要与其创新绩效显著正相关。杜跃平等（2015）基于期望理论，将个人期望划分为内在期望（成就期望、职业发展期望、自我效能期望）和外在期望（结果期望），研究结果表明个人期望会对创新绩效产生正向影响，其中，内在期望比外在期望的影响效应更显著。

同时，员工的行为也能够对其创新绩效产生不同的影响，包括员工主动性行为、知识共享行为、跨界行为、反馈寻求行为等。具体来说，首先，王仙雅等（2014）在探讨组织氛围对员工创新绩效的影响机制的研究中，引入了个体的隐性知识共享行为，并提出隐性知识共享行为能够对员工创新绩效产生正向影响。其次，在平台经济兴起的背景下，王丽平和陈晴晴（2016）认为跨界合作行为是提高创新水平的关键，并基于实证分析验证了跨界合作行为与员工创新绩效之间的正向相关关系。此外，唐于红等（2021）在中国等级制度和高权力距离的文化背景下，从地位竞争视角出发，对员工的主动性行为与创新绩效的关系进行实证研究，结果表明，二者之间存在正相关关系，同时，领导—成员交换关系在二者之间起到中介作用。最后，Harrison 和 Dossinger（2017）认为能主动自我调整的人在创新活动中会有更高的绩效，在此基础上，王宁等（2021）将个体反馈寻求行为纳入员工创新绩效的研究中，并提出当上级或者同事作为反馈源时，个体的反馈寻求行为能够对员工创新绩效产生正向影响；而当朋友作为反馈源时，二者之间的正向关系则不显著。

此外，还有研究证实员工创新绩效在很大程度上受到个体情绪状态的影响（Zenasni & Lubart，2008）。如 Amabile 和 Barsade（2002）研究表明，工作中的积极情感能够对员工的创新绩效产生显著的正向影响。

黄亮等（2015）以工作幸福感为研究重点，从工作幸福感强的情绪体验维度来看，高工作幸福感意味着个体拥有积极的情绪体验，能够通过组织自尊的中介效应对员工创新绩效产生正向影响。张兰霞等（2021）也构建了员工被妒忌感知对创新绩效影响的双重中介模型，研究结果表明：一方面，员工的被妒忌感知会引发员工的积极情感，从而促进员工的建言行为，进一步提高员工的创新绩效；另一方面，员工的被妒忌感知可能引发员工的消极情感，从而促进员工的沉默行为，进一步削弱员工的创新绩效。

（2）情境因素

除个体因素外，情境因素也是影响个体创新绩效的重要前因，包括组织/团队氛围、领导风格、工作特征和高绩效工作系统等。如 Kleysen 等（2001）认为以往集中在个人层面的研究并不全面，并进一步提出组织创新氛围也是员工创新绩效的重要影响因素。随后，学者们开始关注组织氛围的影响，例如王仙雅等（2014）基于实证研究，探讨了组织氛围对创新绩效的影响效应及作用机理，包括信任氛围、公平氛围、沟通氛围、情绪氛围。研究结果表明，组织中的信任氛围和公平氛围并不会对创新绩效直接产生影响，而是通过隐性知识共享行为的中介作用，间接影响创新绩效；情绪氛围能够直接对创新绩效产生显著的正向影响；而沟通氛围既可通过直接路径，也可通过间接路径对创新绩效产生间接影响。张征和闫春（2020）基于社会信息加工理论，探讨了团队学习氛围对员工创新绩效的作用机制，结果发现，积极情绪在两者之间起部分中介作用，集体主义导向对团队学习氛围和积极情绪关系的正向调节作用呈边缘显著，对积极情绪和创新绩效的正向关系具有显著的负向调节作用。

在组织情境下，不同的领导风格也会对员工的创新绩效产生不同影响，包括变革型领导、道德领导、授权型领导、辱虐管理等多种领导风格。如朱少英等（2008）证实了变革型领导通过营造团队氛围和促进知识共享间接影响员工创新绩效。随后，Wang 等（2010）也表明变革型领导能够对员工创新绩效产生正向影响。仲理峰等（2019）则从社会交换视角，提出道德领导能够通过社会交换的中介作用对创新绩效产生正向影响，因为道德领导会给予员工更多的关怀、信任、公平等，从而员工能够更多的感知到与道德领导之间的社会交换，从而表现出积极的行为结果，如创新绩效。侯曼等（2021）基于社会交换理论，提出当员工感知到领导授权赋能为其工作提供的支持后，会进行自我学习，发挥创造力，从而提高其创新绩效。张兰霞等（2019）基于个体—环境匹配理论，探讨了领导—员工认知风格的匹配度对员工创新绩效的影响，研究结果表明，当领导与员工的认知风格匹配度的一致性越高时，员工的创造力越强，进而有助于提升员工的创新绩效。同时，授权型领导能够赋予员工更多的权力，给予其更多的支持，为员工创造有利于创新的环境，从而有利于提高员工的创新绩效。此外，领导授权也会通过隐性知识共享的中介作用对创新绩效产生部分正向影响。Lee，Kang 和 Choi（2022）以韩国员工为研究对象，结果发现，辱虐管理通过关系冲突和员工沉默来影响员工创新绩效。张尧等（2019）关注到新生代员工的创新绩效，并将魅力型领导纳入其影响因素中，研究结果表明，魅力型领导能够促进新生代员工创新绩效的提升，员工工作投入在二者之间起到中介作用，而且工作投入与内部人身份感知的交互作用也有助于提高员工的创新绩效。

工作特征对员工创新绩效具有积极的影响。如 Zhang 和 Zhao（2021）基于自我决定理论和情境交互理论，探讨了工作特征对千禧一代员工创新绩效的作用机制。结果发现，快乐型（Hedonic）幸福感和实现型（Eudaimonic）幸福感中介工作特征和创新绩效的关系，当包容型领导高时，工作特征对快乐型幸福感的作用更强；同时，当直接实现方式（Direct Achieving Style）和工具实现方式（Instrumental Achieving Style）更强时，快乐型幸福感对创新绩效的影响更强。Kirton（1976）

研究发现，工作特征能够对员工的创造力产生正向的影响，从而提高个体的创新绩效。在此基础上，王忠等（2014）从工作特征模型的五个核心维度出发，探讨工作特征对员工创新绩效的影响，结果表明，工作特征中的重要性、完整性、技能多样性、反馈性以及自主性都能够对员工的创新绩效产生正向影响。

此外，高绩效工作系统也会对员工创新绩效产生影响。Chen 和 Chen（2021）通过研究发现，高绩效工作系统通过工作资源对员工创新绩效产生影响。与此不同，He、Gu 和 Liu（2017）发现，高绩效工作系统通过组织公民行为的中介作用来影响创新绩效。Martinaityte、Sacramento 和 Aryee（2019）的研究表明，创造力导向的高绩效工作系统通过需求满足对员工创新绩效产生作用。而 Ikhide，Timur 和 Ogunmokun（2022）通过定性分析指出，游戏化（Gamified）的人力资源系统会降低员工的工作动机，进而影响员工的创新绩效。

2.7.4 小结

随着市场竞争的加剧，创新逐渐成为企业应对外界挑战，获得可持续发展的重要手段。而个体创新作为企业创新的基础，如何提升员工的创新绩效成为理论界和实务界探讨的热点话题。目前有关创新绩效的影响因素及其形成机制的研究取得了较为丰硕的成果，涉及的前因变量涵盖了许多的个体因素和情境因素。尽管如此，有关员工跨界行为和创新绩效的关系研究尚不多见，零星的研究仍存在有待完善之处。比如，到底员工跨界行为对创新绩效是否具有正向影响，两者是如何产生联系的，它们作用的边界条件是什么，值得进一步探讨。鉴于此，本书拟基于资源保存理论，引入工作意义感和团队差序氛围，来尝试回答员工跨界行为是否、如何以及何时对创新绩效产生影响的问题，从而丰富员工跨界行为和创新绩效的关系研究，并为管理者提升员工创新绩效提供行之有效的对策和建议。

2.8 团队差序氛围

2.8.1 概念界定

中国传统儒家思想强调，人与人相处要遵循亲疏远近、尊卑有序的社会规范。受传统文化的影响，中国社会人际关系形成了"圈层现象""关系""权力尊卑"等一系列本土化特征，差序氛围便是对这一系列本土特征的具体概括。其中"差"是指根据亲疏关系差别对待，"序"是指围绕资源分配者形成尊卑有序的社会交换关系（陈志霞，典亚娇，2018）。"差序氛围"是基于中国本土情景所提出的概念，被国内学者广泛探讨；同时，学者们关于"差序"概念的研究，经历了从个体层面到团队层面的演变。

（1）个体层面

首先，社会学家费孝通（1948）最先提出"差序格局"的概念，并将其定义为与某特定个体关联的关系远近、亲疏有别的状态（费孝通，1948），其认为中国社会的人际关系是呈"波纹圈"状向外扩展，以自己为中心，越往外关系越弱。随后，基于中国台湾学者掀起的本土研究热潮，"差序格局"被引入组织管理领域（刘军等，2009），学者们从不同的角度对其进行深入研究。例如，Hwang（1987）从"人情与面子"的角度分析差序格局，认为中国社会的人际交往与资源配置是由基于亲疏和尊卑的关系判断所决定的，并把人情关系分为"情感性关系""工具性关系"和"混合性关系"三种，强调不同的关系采取不同的交往法则。其中，情感性关系是以情感为交换对象，具有持久性和稳定性特征的关系，其交往法则为需求法则；工具性关系是以物质为交换对象，具有短暂性和非稳定性特征的关系，其交往法则为人情法则；混合性关系则是具有一定程度的情感关联，但是又没有血缘关系亲密的关系，强调不同的关系采取不同的交往法则，其交往法则为公平法则。

相似地，杨国枢（1993）则从"关系角度"对差序格局进行分析，其按照亲疏程度将中国社会的人际关系分为亲人、熟人、生人三种，其相对应的交往原则分别为责任原则、人情原则、利害原则。此外，陈介玄和高承恕（1991）从"信任角度"去研究差序格局，他们认为中国人的信任是基于血缘关系或地缘关系来考量的，这两种关系越近，个体就会给予更多的信任。

综合前人的观点，郑伯埙（1995）对差序格局概念进行进一步扩充，认为差序格局主要表现为"亲""忠""才"三方面，即关系、情感与能力三方面，具体来说就是是否存在血缘关系、在情感上是否忠诚以及是否有胜任工作的能力；同时，郑伯埙指出领导者在进行组织资源分配时，根据亲、忠、才三方面对员工实行差序管理，由此在组织中会形成一种差别对待的氛围，即"差序氛围"。自此，基于个体层面的差序格局研究趋于完善。

（2）团队层面

"差序"不仅表现在个体层面，随着进一步的深入，学者们开始研究团队中的"差序"。团队差序氛围是在差序格局的基础上发展出来的概念，刘军等（2009）首次提出"团队差序氛围"的概念，即团队成员围绕团队资源掌控者（通常是团队领导）所形成的关系疏密的差异程度，实质上反映的是团队资源和权力的分布版图，这一概念得到了现有研究的广泛应用（彭正龙，赵红丹，2011；沈伊默等，2019）。

此外，当个体之间存在长期交换关系时，就会被纳入到"圈子"之中，因此，也有学者从"圈子"角度对团队层面上的差序氛围进行研究。例如，罗家德（2013）通过对组织内的圈层现象进行研究，提出圈子呈现"差序格局"结构，有"圈内"和"圈外"之分，"圈内"又存在"内核"和"外围"之别，领导者会根据下属在圈子中所处位置的不同而差别对待。陈志霞（2018）等从个体层面和团队层面对以往研究进行梳理和分析，进一步提出组织差序氛围的概念，即组织内部成员之间的关系亲疏远近差异以及以此为依据所采用的不同人际互动法则及差异化、偏私化的组织资源分配。此外，许惠龙（2007）等认为，领导会根据其与下属交换关系的质量将下属纳入不同的圈层，包括"内圈""外圈"和"中间圈"，同时，同一圈层中也会将成员分为核心、中间和边缘三个不同的区域。基于此，不同圈层之间和同一圈层之中都存在着差序格局，也会拥有不同的交往法则。

综上，本书发现目前关于差序氛围概念的研究中，从个体层面上研究差序格局的较多，费孝通首先从社会的角度提出差序格局的概念，其他学者又将其引入到组织管理领域中，并从"人情与面子""关系""信任"等多角度对差序格局进行深入研究。相比之下，从团队层面上研究差序氛围的较少，现有研究主要沿用刘军等（2009）提出"团队差序氛围"的概念，本书采用的即是刘军等提出的"团队差序氛围"的概念：团队差序氛围是团队成员围绕团队资源掌控者（通常是团队领导）所形成的关系疏密的差异程度（刘军等，2009）。

2.8.2 结构维度与测量

现有研究关于团队差序氛围的结构维度主要分为单维度和多维度两

种划分方式，其中，多维度的团队差序氛围量表得到较为广泛的应用。比较有代表性的结构维度是由刘贞妤（2003）提出，认为成员对围绕资源掌握者展开的关系疏密会有自己的认知，并开发出测量差序氛围的11题项量表。此外，刘军等（2009）提出在具体的研究中，团队差序氛围可被简单操作化为团队成员的差序氛围感知，并首次在国内使用刘贞妤的11题项量表，证实该量表对华人具有良好的测量效度。现有实证研究也多采用此量表（彭正龙，赵红丹，2011；马伟，苏杭，2020）。该11题项量表包括三个维度：相互依附、偏私对待、亲信角色，相互依附是指领导与下属相互信任与支持，在情感上相互依附；偏私对待是指领导对下属在待遇升迁方面的差别对待；亲信角色是指少数下属在工作上能够充当领导的帮手而获得领导的信任。本书也采用此量表测量团队差序氛围。

此外，在差序氛围浓厚的团队中，领导者会对团队成员差别对待，并表现在多方面。郑伯埙（1995）提出领导者的差别对待主要表现在七个维度：情感依附、领导风格、组织结构、工作设计、雇佣关系、资源分配及工作态度，并给每个维度都赋予相应的变量，以情感依附为例，其具体的组织行为变量包括亲密度、义务感、吸引力以及信任感。因此，可以从这七个维度出发，基于具体的组织行为变量对团队差序氛围强弱进行判定，但由于没有开发出相应的量表，所以不能基于此进行实证研究。

值得注意的是，圈子现象在一定程度上造成团队差序氛围的产生（彭正龙，赵红丹，2011），因此，可以通过员工的圈子结构位置来测量团队差序氛围，一般选取情感网络进行测量。如 Krackhardt 和 Hanson（1993）开发出7题项量表，从员工情感网络与领导情感网络两个维度对组织非正式网络进行测量。随后，高翔等（2014）在 Krackhardt 和 Hanson 对情感网络测量的基础上，结合中国本土情景进一步完善了情感网络量表。该量表包括四个题项：在业余时间，你跟哪些人有社交活动；若在工作上遭遇挫折，你会向他/她吐苦水；你和哪些人聊天时会谈到个人私事；请勾选你最熟悉的同事等。此外，该量表要求必须在封闭的团体网络内测量，即团队中所有成员都要参加调查，因此能够更加全面地反映团队差序氛围，但该测量方法仅在圈子现象的研究中使用较多，其适用范围仍有待进一步检验。表2-8即为本书整合现有团队差序氛围的结构维度和测量的内容。

表2-8　　　团队差序氛围的结构维度与测量

	研究者（年份）	维度	量表
二维	Krackhardt和Hanson（1993）	员工情感网络、领导情感网络	7题项
二维	高翔等（2014）	在Krackhardt和Hanson（1993）的量表基础上进行完善	4题项
三维	刘贞妤（2003）	相互依附、偏私对待、亲信角色	11题项
七维	郑伯埙（1995）	情感依附、领导风格、组织结构、工作设计、雇佣关系、资源分配、工作态度	未开发

资料来源：本书根据文献整理。

2.8.3　影响因素

通过梳理文献发现，现有关于团队差序氛围影响因素的研究较少，可以分为两大类：个体因素和情境因素。其中，个体因素包括个体特征、动机、关系等，情境因素包括文化因素和领导风格等。

（1）个体因素

团队差序氛围会受到个体因素的影响，现有研究成果主要包括个体政治技能的差异、个体动机等两个方面。如刘军等（2009）采用差异化的研究视角，关注个体特征对团队差序氛围的影响，提出团队成员政治技能的差异会对团队差序氛围产生影响,团队成员的政治技能差距越大,团队差序氛围就越强。这是因为,在成员个体层面,拥有较高政治技能的个体,会利用自己的专长能力为自己谋求更多的利益,能够借助一些有效的人际互动策略,拉近与团队领导的关系,从而在团队资源的分配过程中获益更多。在领导层面,个体政治技能的差异会导致其争取自身利益程度的不同,领导在面对不同成员时也会采取不同的应对措施,使围绕领导的团队成员关系呈差序状态,加重团队差序氛围。在团队层面,具备高政治技能的成员容易与领导发生"私人感情",导致团队权力和资源分配遵循"情感法则"而不是"公平法则"。综上,个体政治技能的差异会引起团队差序氛围的形成。

此外,还有部分研究证实个体动机的差异也会导致团队差序氛围的产生,主要表现在个体成就动机和个体谋求建立非正式关系的动机。首先,根据成就动机理论,高成就需要者在谋求职业发展过程中,会积极主动地寻求激励、指导,建立非正式的上下级关系,以期获得差别对待(Zhang et al., 2016);因此,这种动机会扩大围绕团队资源分配者的关系疏密程度,加重团队差序氛围。另外,Zhang 等(2016)在关于华人谋求建立和发展非正式的领导成员关系的研究中,提出上下级关系是由人的动机驱动的,并通过开发主管—下属动机量表,识别出四种动机类型:职业发展、团队关注、个人生活以及社会需求,在不同的动机下,领导和成员的关系会存在差异,从而形成领导与下属不同关系程度的团队差序氛围。

(2)情境因素

文化因素。差序氛围是中国本土人际关系特征的产物,根植于中国传统文化。阎云翔(2006)基于中国社会和文化的特征,提出差序格局的立体结构。从横向来看,儒家思想的"亲疏"和"尊卑"反映了差序格局的具有弹性的"差";从纵向来看,中国社会等级结构使差序格局具有刚性等级化的"序"。刘善仕(2015)通过对 Z 公司的扎根研究，得出中国传统文化和企业性质的共同影响，使组织基于关系和价值两个维度对员工进行分类，从而形成企业的差序结构。其中依据员工与企业关系进行分类是受中国传统文化的影响，具体来说，儒家文化强调人与人交往有亲疏远近之分，因此，团队领导者与下属之间也会存在亲疏远近，并据此差别对待。此外，通过分析东西方文化的脉络，田在兰等（2013）提出权力距离和人治主义倾向也是引起差序氛围的原因。权力距离指权力的不平等分配在组织中能被接受的程度，权力距离越大，成员越认可权力不均。华人社会具有高权力距离的特征，上级与下级之间权力不对等，从而形成尊卑有序的关系。人治主义是指领导者的决策会受到人情或私人关系的影响，受传统文化的影响，华人企业组织中存在人治主义倾向，即领导者对待下属受人情和关系的影响而差别对待，从而导致差序氛围的存在。

领导方式。在团队管理过程中，领导者会依据与团队成员的关系疏密将其分为"圈内人"和"圈外人"，并差别对待（刘军等，2009）。受主观因素的影响，不同的领导者会有不同的管理方式、价值观等，对团队成员也会有不同程度的差别对待，从而导致不同程度的团队差序氛围。如张庆红等（2018）基于对215份领导者与下属配对数据的实证研究，探讨了中国情境下家长式领导的三个维度对员工差序氛围感知的影响，结果表明不同的领导风格会降低或加重团队差序氛围，从而影响员工的差序氛围感知。首先，仁慈领导能够对下属宽容体谅，营造一种和谐友爱的氛围，从而降低等级观念和差序氛围。其次，德行领导具有良好的道德品质，会追求公平公正的对待下属，从而降低差序氛围；最后，威权领导在组织中强调领导者的个人权威，在管理过程中领导者的偏好和选择会高于组织规章制度，更易造成不公平现象的发生，加重差序氛围。此外，李露等（2016）通过构建调节—中介模型，研究服务型领导对团队绩效的影响，其结果验证了团队差序氛围的正向调节作用。具体来说，若团队领导采用的是服务型领导方式，就会给团队成员更多的信任、关心和帮助，提高团队成员的工作满意度，从而弱化团队成员团队差序氛围的感知。

团队特征。目前仅有少量研究从团队层面探究差序氛围的影响因素，刘军等（2009）从团队工作性质的角度提出团队任务相依性会负向影响团队差序氛围。在团队工作过程中，团队成员会不可避免地进行信息、知识、原料等方面的交流和互动，存在不同程度的"相互依赖"。在相互依赖程度较高的团队中，为保证成员之间相互合作以及团队目标的实现，团队内的资源和权力分配的差异会较小，从而弱化团队差序氛围；同时，较高的任务相依性意味着团队成员之间存在频繁的人际互动，从而强化团队的整体感，减少团队领导者对团队成员的差别对待，因此，团队任务相依性会负向影响团队差序氛围。汪曲和李燕萍（2017）则从团队成员关系差异的角度阐述了团队差序氛围的形成，其认为，基于团队成员之间的关系差异，他们会进行不同程度的交流与互动，其合作意愿、获得的资源以及与领导的亲疏关系等都会有所不同，进而影响团队差序氛围的浓度。当团队成员的关系差异较小时，其互动交流的程度也会高，团队差序氛围就会较薄弱。

2.8.4 影响效应

现有关于团队差序氛围作用的研究，主要体现在其直接效应和调节效应两个方面。其直接效应方面主要体现在差序氛围能够对个体以及团队产生直接或间接影响，间接效应研究则体现在探讨差序氛围的调节效应。

（1）直接效应

团队差序氛围的存在使成员在团队资源分配中可获得的资源存在差异，导致个体组织行为也存在差异（Buchwald，2010）。现有研究关于团队差序氛围的对个体层面的直接效应主要体现在个体行为、态度和情感、工作绩效等方面。

①个体行为。对个体行为的影响主要体现在共享行为、沉默行为以及团队合作行为等方面。在对个体共享行为的影响上，彭正龙等（2011）提出团队差序氛围可以负向影响成员的知识共享行为。这是因为，知识共享是建立在高度信任的基础上，一方愿意主动帮助另一方提高能力（Senge，1997），在差序氛围浓重的团队中，团队成员信任度较低，"圈外"成员不愿意主动帮助"圈内"成员（Sparrowe et al.，2006），从而会阻碍团队成员的知识共享行为。此外，许颖（2015）运用跨层次分析方法，提出团队差序氛围与隐性知识共享具有显著的正相关关系。因为差序氛围中的领导行为能够以成为"圈内人"为导向对员工起到激励作用，隐性知识共享是拥有独特经验的少数员工通过施教和分享帮助他人，在团队中占据主动地位（彭正龙，赵红丹，2011），因此，在差序氛围浓重的团队中，员工为成为"圈内人"而愿意有更多的隐性知识共享行为（许颖，2015）。

在对个体沉默行为的影响上，朱瑜和谢斌斌（2018）基于社会交换理论，探讨了差序氛围感知对员工沉默行为的作用机制。首先，差序氛围感知可直接正向影响团队成员的沉默行为，因为当感知到团队差序氛围较高时，会加大成员建言献策的风险性和不确定，为规避风险，成员更愿意保持沉默。其次，差序氛围感知可通过情感承诺的中介作用间接影响成员的沉默行为，即团队成员的差序氛围感知越高，其情感承诺越低，造成沉默行为越多。于伟和张鹏（2016）对组织差序氛围和员工漠视行为之间的关系进行探讨，提出组织差序氛围通过促进员工职场排斥以及抑制员工组织自尊导致员工的漠视行为，不利于员工在组织中的建言献策。

此外，在对个体团队合作行为的影响上，刘军等（2009）提出团队差序氛围会阻碍团队成员的合作行为，降低团队凝聚力。这是因为团队差序氛围的存在意味着团队领导会对成员进行差别对待，团队成员之间也会感知到权力和资源分配的差异，从而影响团队成员的合作行为。

曾琦和刘昕（2022）基于社会认知理论视角，考察了组织差序氛围对员工逢迎行为的作用机制，结果发现，组织差序氛围通过工作不安全感和关系取向对员工逢迎行为产生影响。另外，在负面行为方面，孙继伟和林强（2021）基于社会信息加工理论和归因理论，研究发现，差序氛围感知通过内部人身份认知和职场嫉妒对知识破坏行为产生影响。而马伟和苏杭（2020）则基于社会信息加工理论和社会交换理论，探讨了差序氛围感知对于员工创新行为的影响。其认为差序氛围感知会让员工感到不公平对待，从而抑制员工的创新行为；同时，差序氛围感知也会通过削弱员工的创新自我效能感和降低员工的情感承诺而对员工的创新行为产生消极影响。

②态度和情感。部分学者从个体情感视角探讨团队差序氛围的影响，研究结果既包含积极情绪又包含消极情绪。一方面，Duffy 和 Shaw（2000）的研究结果表明，在差序氛围浓厚的团队中，只有少数人接近权力中心，而大多数成员感知到自己与核心成员的差异后会有被边缘化的感觉，同时这些员工会嫉妒那些核心成员，甚至出现情绪上的对抗。另一方面，许颖（2015）认为团队差序氛围与积极情绪之间存在正相关关系，但这更多针对的是"圈内"员工，因为处于差序氛围中的领导者对于圈内员工有更多的偏私行为，不仅会给其分配更多的资源，满足其需求，还会给予员工更多的支持与鼓励。何奎和刘文昌（2020）提出团队差序氛围下，"圈内"员工会比"圈外"员工获得更多的发展资源，会引起两个圈层的员工产生对立情绪，进一步导致员工的情绪衰竭。此外，Luo 等（2015，2016）基于圈层结构模型研究差序氛围对个体成员的影响，结果表明，差序氛围对个体在组织承诺、组织信任等方面产生不同影响。在圈层结构中，成员越靠近圈层核心，其组织组织信任水平越高，组织承诺也越高。

③工作绩效。工作绩效包括个体绩效和团队绩效。从团队成员的工作绩效来看,沈伊默等(2019)基于权威关系模型和社会信息加工理论,验证了团队差序氛围对团队成员工作表现的影响效应及作用机制,提出团队差序氛围对团队成员的工作绩效以及组织公民行为具有间接的消极影响,其中,上下级价值观匹配感知充当中介变量,团队信任充当调节变量。当团队差序氛围浓厚时,个体感知到的自己与领导之间的价值观匹配度较低,因此上下级的关系和情感不稳固(Meglino et al.,1989),从而会表现出较低的工作绩效和组织公民行为;同时,在团队信任水平越低时,这种间接的消极影响表现越强。同时,王玉峰等(2022)基于成就动机理论,探讨了差序氛围感知对个体创新绩效的影响,研究结果表明差序氛围感知的相互依附、偏私对待和亲信角色的三个维度都能对员工创新绩效产生显著正向影响。

差序氛围对团队绩效具有一定的影响。如刘军等(2009)认为团队差序氛围作为一个极具文化特色的组织结构变量,他们通过研究发现,团队差序氛围通过降低团队合作关系和团队凝聚力,对团队绩效产生消极影响。在此基础上,彭正龙和赵红丹(2011)进一步探讨了团队差序氛围对团队创新绩效的影响机制,提出团队差序氛围与团队创新绩效负相关。团队创新绩效需要成员获取相关的知识,而团队差序氛围会阻碍团队成员的知识共享行为,因此会对创新绩效产生消极影响。

④员工自我发展。还有研究探讨了差序关系对员工自我发展的影响。如 Ren(2017)等探讨了组织中的差序关系对员工自我发展的影响,结果表明,二者之间存在倒"U"形关系,即在团队差序氛围较弱时,团队成员与领导之间的互惠关系会促进成员的自我发展,但当二者的关系超过一定临界点时,互惠活动会过多消耗团队成员的精力,此时,随着团队差序氛围的增大,成员的互惠压力越大,从而对成员的自我发展产生消极影响。

第 2 章　理论基础与文献综述

（2）调节效应

此外，还有不少学者关注差序氛围的调节作用。例如，在对服务型领导与团队绩效关系的研究中，其结果都表明团队差序氛围能够正向调节二者的关系。赵红丹和彭正龙（2013）认为，当团队差序氛围越浓重时，团队成员的资源分配差异较大，其不公平感知会较强，此时服务型领导就会成为增强团队合作的重要途径，因此，服务型领导与团队创新绩效的关系也就越强。罗忠恒和林美珍（2017）在研究授权型领导对员工服务导向行为的影响中，引入差序氛围作为调节变量，认为在差序氛围浓厚的组织环境中，员工会缺乏对组织的归属感，从而减弱授权型领导对于员工心理所有权的影响。姚艳虹和范盈盈（2014）探讨了个体—组织匹配对创新行为的影响，结果显示，差序氛围弱化了要求—能力匹配对员工创新的影响，而对需求—供给匹配和创新绩效之间关系的调节作用不显著。李露等（2016）认为在差序氛围浓厚的团队中，团队成员的负面情绪较强，此时，服务型领导能够有效地减缓成员的负面情绪，提高成员的满意度，从而对团队绩效产生积极影响；而在差序氛围较淡薄的团队中，成员本身的工作满意度也较高，从而导致服务型领导对团队绩效的影响效应并不显著。随后，汪红艳和陈志霞（2018）考察了差序氛围在绩效考核政治感知和员工组织支持感之间的调节作用，发现组织的差序氛围越浓厚，被考核者的绩效考核政治感知和组织支持感之间的负向关系就越强。类似的，唐春勇和黄杰（2022）基于自我验证理论，通过三个时点的实证研究发现了组织差序氛围在员工情绪智力和领导不文明行为之间的负向调节作用。近来，杨红，彭灿，杜刚，许春和吕潮林（2021）以 78 名团队领导和 325 名团队成员为研究对象，探讨了变革型领导和交易型领导所构成的双元领导对研发团队创造力的影响，以及团队差序氛围在两者之间的调节作用。结果发现，团队差序氛围负向调节双元领导风格和研发团队创造力之间的关系，同时，团队信任通过削弱团队差序氛围的作用，进而增强双元领导对团队创造力的正向影响。

2.8.5 小结

团队差序氛围作为一个极具本土文化特征的构念,近年来在组织行为研究中受到了较为广泛的关注,相关成果逐渐丰富起来。团队差序氛围作为一种消极的团队氛围,它会影响团队资源的配置,破坏团队成员之间的和谐关系,从而可能影响员工在跨界过程中工作意义感的形成,进而不利于创新绩效的增加。遗憾的是,以往研究探讨了集体主义氛围、权力距离等文化特征变量对员工跨界行为有效性的影响,然而,鲜有研究考察团队差序氛围在员工跨界行为和工作意义感之间的跨层次调节作用,从而不利于这一方面知识的积累和相关研究的深化。因此,本书拟引入团队差序氛围,检验其在员工跨界行为和工作意义感之间的调节作用,揭示员工跨界行为对工作意义感作用的边界条件,并回答员工跨界行为何时对工作意义感起作用的问题。

第3章

员工跨界行为的形成机制：谦逊型领导的视角

第 3 章 员工跨界行为的形成机制：谦逊型领导的视角

3.1 问题提出

随着环境的动荡性和复杂性加剧，团队所拥有的内部资源已无法应对环境所带来的挑战，团队越来越需要其成员进行跨界行为，通过获取外部关键资源和支持，以促进团队目标的实现（Marrone，2010）。员工跨界行为（Boundary Spanning Behavior）主要是指为实现团队预期目标，员工与外界建立联系并产生互动的行为（刘松博，李育辉，2014；Marrone et al.，2007），它主要包括搜寻、交际、任务协调和尽力执行等四种类型（Ancona & Bresman，2007）。相关研究表明，员工跨界行为对团队绩效（Marrone et al.，2007）、任务绩效（Faraj & Yan，2009；刘松博，李育辉，2014；崔明明等，2018）和创造力（朱金强等，2020；张建卫等，2021）等许多重要的变量具有显著的促进作用。因此，探讨如何激发员工的跨界行为，对于拓展员工跨界行为的诱因研究并指导管理实践具有十分重要的意义。

遗憾的是，目前的跨界行为研究大多集中于团队跨界行为前因与结果的探讨（Marrone，2010；刘松博，李育辉，2014；袁庆宏等，2015），而有关员工跨界行为前因的实证研究还相当缺乏（Marrone，2010；张华磊等，2014；刘良灿，赵龙英，2019）。这些为数不多的前因研究主要聚焦于个体因素，如工龄、动机、核心自我评价、促进型调节定向等（Marrone，2010；Marrone et al.，2007；张华磊等，2014；陈璐，王月梅，2017），零星的研究聚焦于情境因素，如组织结构、角色压力源等（Leifer & Huber，1977；Bettencourt & Brown，2003）。总体而言，我们对跨界行为的情境因素还知之甚少（Marrone，2010）。在众多的情境因素中，领导者的领导行为作为一种重要的人际情境因素，对下属的行为具有不容忽视的影响（Chen et al.，2002），尤其在中国这种"上尊下卑"的文化背景下（李锐，田晓明，2014）。基于此，本书拟重点考察谦逊型领导行为（Humble Leadership Behavior）的影响效应。谦逊型领导作为一种"至下而上"的领导行为，它强调领导者能够坦承自身的不足、欣赏他人的优点和贡献、虚心学习（Owens & Hekman，2012；Owens et al.，2013）。尤为重要的是，领导者通过认可、欣赏和赞美下属，为员工在团队中的自我价值和能力评估提供了重要而积极的信息（Owens & Hekman，2012），进而可能激发员工的动机状态和奉献意愿（Oc et al.，2015），使下属愿意承担较多的工作来为团队获取更多的资源和支持，据此我们预期，谦逊型领导可能会对员工跨界行为产生积极的作用。为此，本书将系统探讨谦逊型领导和员工跨界行为之间的关系。

此外，如果谦逊型领导对员工跨界行为具有影响，那么这种影响是如何发生的，现有文献并未给出明确的答案。以往有关谦逊型领导行为和员工结果变量关系主要基于社会交换理论（如陈龙等，2018；代同亮等，2019）、社会认知理论（罗瑾琏等，2015；张亚军等，2017）和社会信息加工理论（Wang et al.，2016；Wang et al.，2018；王宏蕾，尹奎，2021）等加以阐释，这为本书的开展奠定了基础。然而，上述研究无法解释领导行为作为一种团队资源，如何转化为员工身心资源，进而促进员工跨界行为的。鉴于此，本书拟基于资源保存理论（Hobfoll，1989），引入基于组织的自尊，来架起谦逊型领导和员工跨界行为沟通的桥梁。基于组织的自尊主要是指个体认为自己在组织中是重要的、有价值和有能力的（Pierce et al.，1989）。谦逊型领导向下属坦承自身的不足，欣赏下属的优点和贡献，并向他们虚心学习，并鼓励领导和下属的角色互换，为下属的职业发展指明方向（Owens & Hekman，2012），这将有助于提升下属的基于组织的自尊。基于组织的自尊作为一种个体

第3章 员工跨界行为的形成机制：谦逊型领导的视角

资源（Xanthopoulou et al., 2009; Barbier et al., 2013; 彭坚等, 2021），根据资源保存理论，当个体的资源越多时，他们越愿意进行投资，如表现出跨界行为，以获得更多的资源。就这点而言，基于组织的自尊很可能充当谦逊型领导影响员工跨界行为的中介变量。

同时，根据资源保存理论，资源的价值会依赖于具体的情境（Halbesleben et al., 2014）。本书提出环境不确定性可能是影响谦逊型领导和基于组织的自尊之间关系的边界条件。环境不确定性作为一种重要的团队外部情境变量（蒿坡等, 2015），是指个体无法对外部环境进行准确预测的感知（Milliken, 1987）。考虑到员工基于环境不确定性条件下去评价领导行为作为一种团队资源的价值，并相应地作出反应，环境不确定性可能会影响谦逊型领导行为的有效性。因此，本书还将检验环境不确定性在谦逊型领导和基于组织的自尊之间的调节作用。

综上所述，本书旨在探讨谦逊型领导是否对员工跨界行为有积极影响，基于组织的自尊是否在谦逊型领导和员工跨界行为之间起中介作用，以及环境不确定性是否起调节作用。借鉴以往相关研究（Leifer & Huber, 1977; Owens et al., 2013），本书从个体层次员工感知的角度，来阐释其直接领导的谦逊型领导行为如何通过员工基于组织的自尊进而影响员工跨界行为，该视角有助于加深我们对谦逊型领导作用机制的理解；同时，本书注重谦逊型领导研究的情境化，并在此基础上构建了一个被调节的中介模型，这不但有助于深刻揭示谦逊型领导作用的内在过程及边界条件，丰富和发展了谦逊型领导理论，而且能够为管理者提升员工跨界行为提供一定的实践指导和管理启示。理论模型如图3-1所示。

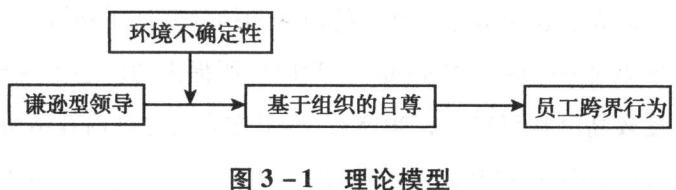

图3-1 理论模型

3.2 研究假设

3.2.1 谦逊型领导和员工跨界行为

谦逊型领导是在为应对复杂多变的外部环境以实现组织可持续发展背景下而提出的一种新型领导方式（Morris et al., 2005）。这种领导方式提出之后，近年来引起了国内外学者的广泛关注。其中，Owens 和 Heckman（2012）两位学者较为深入和系统地探讨了谦逊型领导的内涵和结构，他们以不同层级的管理者为研究对象，通过质性研究将谦逊型领导的内涵界定为：（1）坦承自身的错误和不足：主管能够承认自己的缺点和错误，描述自身知识或经验上的不足，为失败承担责任；（2）关注下属的优点和贡献：主管能够欣赏他人的贡献，认可员工的优点；（3）可教性（Teachability）：主管对新的观点和信息持开放态度，虚心向他人请教，并且非常愿意接受反馈。在此基础上，Oc 等（2015）指出，谦逊型领导行为还体现在树立榜样、表现谦虚、为了集体目标共同工作、同情下属并易于接近、尊敬和公平对待他人、向下属提供指导和训练等方面。这为我们进一步了解谦逊型领导的内涵提供了帮助。国内研究者也对谦逊型领导的内涵和结构开展了初步探索，但总体而言，学界对 Owens 和 Heckman（2012）所提出的谦逊型领导的内容结构认可度较高（唐汉瑛等，2015），本书亦采纳这种内容结构。

Marrone（2010）在其研究中指出，领导行为对员工跨界行为具有

第 3 章　员工跨界行为的形成机制：谦逊型领导的视角

不容忽视的影响。本书推测谦逊型领导可能会促进员工跨界行为，具体而言：首先，谦逊型领导能够欣赏下属的优点和贡献，并虚心向他人求教，能够促进下属内在效能和自尊的增加（唐汉瑛等，2015），使下属相信自己有能力处理好各种事情，从而增加下属实施跨界行为的心理资源。同时，谦逊型领导关心下属的福利和需求，并愿意主动为下属提供必要的资源支持（毛江华等，2017），从而使下属有更多的资源开展跨界活动。其次，领导者能够向下属坦承自身存在的缺陷和不足（Owens & Hekman，2012），这说明领导者信任和重视下属，能真正把下属当成内部人来看待。根据社会交换理论，他们会付出额外的努力来回报领导者（Blau，1964），如展现出跨界行为，以此来为领导者或团队获取外界的资源和支持（Marrone，2010）。与此同时，领导行为作为一种重要的社会情境，员工会对工作场所中的这种社会情境加以解读，以此来决定他们后续的行为（Salancik & Pfeffer，1978）。谦逊型领导者清晰地认识到自身存在的不足和缺陷（Owens & Hekman，2012），但为了为实现集体目标（Oc et al.，2015），尤其是在动荡和复杂的环境下，他们很可能希望员工能够承担起一个"领导者"的角色来弥补其能力方面的不足，以保证团队对信息和资源等方面的需求。事实上，谦逊型领导非常支持领导和下属的角色互换（Owens & Hekman，2012）。而员工跨界行为所承担的工作很有可能使跨界员工成为团队正式领导的代言人（Zhang et al.，2012；刘松博，李育辉，2014），也即是说，跨界者通常会被团队成员感知为具有高度影响力的"领导者"（Marrone，2010）。据此来看，员工所表现出的跨界行为十分符合谦逊型领导对员工角色和责任的期望。因此，员工通过对领导行为的解读，为了满足领导者的上述期望，可能表现出更多的跨界行为。

其次，员工开展跨界活动需要比以往承担更多的工作和责任（刘松博，李育辉，2014），这些工作可能充满了挑战性和风险性，进而导致他们不愿从事跨界活动，表现出较少的跨界行为。从以往的相关研究来看，员工是否实施跨界行为归根结底主要取决于两个因素，即动机和资源（毛江华等，2017），动机主要影响员工"想不想做"，而资源主要影响员工"有没有能力做"。与其他类型的领导不同，谦逊型领导能够认可、欣赏并赞赏员工的贡献以及努力（Owens & Hekman, 2012; Owens et al., 2013），这些领导行为有助于提升员工在工作中的价值感和意义感，激发员工的内在动机（毛江华等，2017），进而促使员工表现出跨界行为。同时，员工在跨界活动中可能犯错误、甚至失败，但谦逊型领导者通过欣赏员工的优势并鼓励员工尝试错误来获得成功（Owens & Hekman, 2012），而不是给予严厉批评甚至惩罚。更为重要的是，领导者以身作则，敢于对团队的不良结果负责，并愿意主动给员工提供相应的资源支持（Owens & Hekman, 2012），这会大大增强员工开展跨界活动的信心（毛江华等，2017），使员工相信自己有能力和资源来实施跨界行为。以此来看，谦逊型领导可以通过增加员工的动机和资源两个方面来促进员工的跨界行为。

最后，谦逊型的领导者对新的观点和信息持开放态度，他们不但自己不断追求进步，而且非常支持和鼓励员工成长（Owens & Hekman, 2012; 唐汉瑛等，2015），因此，领导者很有可能鼓励员工积极开展跨界活动，让员工承担更多的工作和责任，承担起领导者的角色，使其在跨界活动中得到快速成长和历练。同时，根据社会认知理论（Bandura, 1986），员工受领导者虚心学习、对新观点和新想法保持开放性而不断改进不足、获得成长的榜样作用影响后，可能对员工的成长动机产生刺激（买热巴·买买提等，2017），使其不但愿意向团队内部成员学习，更愿意通过跨界与外界建立联系，获取来自外界的资源和异质性知识，使自身不断得到成长。据此推测，谦逊型领导可能对员工跨界行为具有积极的作用。综合上述分析，提出本章研究假设 H1：

H1：谦逊型领导和员工跨界行为显著正相关。

3.2.2 基于组织的自尊的中介作用

基于组织的自尊作为一种个体资源（Xanthopoulou et al., 2009; Barbier et al., 2013; 彭坚等, 2021），主要是员工对自己作为一名组织成员能否胜任的自我评价，反映的是个体对自己在某一特定组织中的价值的判断（Pierce et al., 1989）。谦逊型领导作为一种人际情境因素和团队资源（Barrick et al., 2015; 代同亮等, 2019），他们会通过授权、提供关怀和支持、关注下属的福利和需求等方式（Nielsen et al., 2013; 毛江华等, 2017），有助于提升下属的基于组织的自尊（唐汉瑛等, 2015）。下属的这种资源越多，他们越有能力和动机致力于表现出跨界行为等资源投资行为（Barbier et al., 2013），从而有助于获取更多的资源（Hobfoll, 1989）。此外，根据自我概念理论，重要的个体会影响员工基于组织的自尊，进而作用于员工的行为表现（Shamir et al., 1993）。而直接领导者或主管被视为组织的代理人（Levinson, 1965），他们掌握着资源和权力的分配，其领导行为可能对下属基于组织的自尊具有十分重要的影响。尤其是当领导者表现出欣赏他人的优点和贡献等领导行为时，这些积极的领导行为会提升下属在组织中的价值感，进而有助于增强其基于组织的自尊（彭坚等, 2021），而拥有较高基于组织的自尊的下属会表现出较多的积极行为（Shamir et al., 1993; 陆欣欣, 涂乙冬, 2014），如员工跨界行为。类似的，Chan、Huang、Snape 和 Lam（2013）指出家长式领导通过基于组织的自尊来影响任务绩效和组织公民行为。因此，我们推测基于组织的自尊可能在谦逊型领导和员工跨界行为之间起中介作用。

谦逊型领导会对员工基于组织的自尊产生积极作用，这是由于，谦逊型领导能够向下属坦承自身的不足，欣赏下属的优点和贡献，并乐于倾听下属的意见和反馈（Owens & Hekman，2012），这说明下属得到了领导的信任、认同和支持，下属的这些积极经历将有助于提升他们在该组织中的重要性和自我价值（Lind et al.，2000），因而会增强他们基于组织的自尊。由此来看，谦逊型领导行为可能与下属基于组织的自尊存在正相关。此外，从象征互动论（Symbolic Interactionism）的视角来看，个体通过他人如何看待自己来评价自己（Lee & Peccei，2007）。在团队中，领导者控制着下属的资源和命运，对下属的影响举足轻重（Van Vianen et al.，2011），同时，中国的员工有着强烈组织人格化倾向，他们的自我评价，更可能受到组织代理人的影响（陆欣欣，涂乙冬，2014）。就这点而言，我们推测来自员工直接领导者的信息（如领导行为）对于员工组织的自尊相较于他人的影响更大。谦逊型领导懂得认可他人能够带来积极的结果，因而他们倾向于通过识别、认可和赞扬他人的优点来影响他人（买热巴·买买提等，2017），在这种情况下，员工将其直接领导的积极评价转化为对自我的积极评价（Lee & Peccei，2007），从而有助于提升员工基于组织的自尊。实证研究表明，谦逊型领导对员工基于组织的自尊具有显著的正向影响（唐汉瑛等，2015）。

基于组织的自尊也可能对员工跨界行为具有正向影响。其主要原因在于：首先，根据资源保存理论（Hobfoll，1989），基于组织的自尊这种个体的资源越多，他们越愿意进行投资，如表现出跨界行为，从而获得更多有价值的资源。其次，个体通常具有维持自尊的强烈动机，自尊越高，其受到的激励越强，进而越表现出积极的行为（Shamir et al.，1993），如可能通过跨界为团队获取相关资源和支持。再次，个体具有保持自我一致性的倾向，这会驱动他们按一定的方式行事以强化其自我概念（Shamir et al.，1993；Chan et al.，2013）。也即是说，个体为了维持他们的自我评价，其行为表现就会与自我评价保持一致（Chan et al.，2013）。具体而言，对于高基于组织的自尊的员工，他们通常会感知到自己在团队中是有价值、有意义和有胜任力的（Shamir et al.，1993），这样一种积极的自我概念很可能会激励员工致力于证明和提升其团队价值的行为（Chan et al.，2013），而员工跨界行为会让员工承担相较于团队其他成员更多的工作，为团队获取来自外界的信息、资源和支持（刘松博，李育辉，2014），该行为非常有助于提升其在团队中的价值和影响力，这意味着高基于组织的自尊的个体可以通过表现出跨界行为，在一定程度上保证自我评价与其行为表现的一致性。由此我们推测，基于组织的自尊会正向影响员工跨界行为。最后，根据认知失调理论，个体为了避免认知失调，他们常常会以符合自己认知的方式行事（Festinger，1957），因而高基于组织的自尊的员工会展现出与其高价值、高能力等自我认知相吻合的行为。而跨界行为正好是证明员工在团队中是有价值和有能力的一种具体行为表现（刘松博，李育辉，2014）。据此来看，高基于组织的自尊可能促进员工跨界行为。相反，低基于组织的自尊的员工则认为自己在团队中的价值和能力较低，为了避免认知失调，因此他们会展现出与自我认知相一致的行为（Festinger，1957），表现出较少的跨界行为。据此推测，基于组织的自尊和员工跨界行为可能存在正向关系。

基于以上论述，本书认为谦逊型领导可能通过基于组织的自尊来影响员工跨界行为。由此，提出本章研究假设 H2：

H2：基于组织的自尊在谦逊型领导和员工跨界行为之间起中介作用。

3.2.3 环境不确定性的调节作用

环境不确定性是指个体无法对团队外部环境进行准确预测的感知，它反映了外部环境不可预测和不稳定的程度（Milliken，1987）。根据资源保存理论，环境因素作为一种资源通道，会对资源及其流动产生影响（Hobfoll，2011）。本书推测，环境不确定性可能调节谦逊型领导和基于组织的自尊之间的关系，并调节基于组织的自尊的中介效应。具体而言：当员工感知到较高水平的环境不确定性时，他们会认为团队正处于风险之中，会产生较多的焦虑和压力（Waldman et al.，2001），进而会对员工基于组织的自尊产生负面影响（Bowling et al.，2010），因而在这种情况下，需要为他们提供一个有效的社会—心理情境，来快速有效应对环境不确定性（蒿坡等，2015），以保持员工高水平的基于组织的自尊。谦逊型领导不但认可员工的优点和贡献，而且使员工认识到自身的局限和不足，以增强其成长动机，使员工敢于接受环境不确定性所带来的挑战（买热巴·买买提等，2017）。同时，谦逊型领导还具有较强的情绪感知能力，对下属的情绪和需求较为敏感（Owens & Hekman，2012），能够向下属提供必要的帮助和支持（毛江华等，2017），进而有助于降低环境不确定性给下属所带来的负面影响。因此，环境不确定性可以被看作是激发谦逊型领导作用效果的外部因素，提升了其对基于组织的自尊的影响。

相反，当员工感知到较低水平的环境不确定性时，他们的焦虑和压力较少，在这种情境下领导者所表现出的谦逊型领导行为，对于员工而言可能被视为是无意义的。或者说，在感知到较低水平的环境不确定性的情况下，员工基于组织的自尊没有受到过多的负面影响，他们不太可能会致力于从领导那里寻找额外的信息，来为他们的自我评价提供正当理由（Chan et al.，2013），因此领导者表现出的谦逊型领导行为所释放的信息对于员工而言可能是无用的，进而不会对员工基于组织的自尊产生进一步的影响。综上来看，高环境不确定性会增强谦逊型领导对员工基于组织的自尊的正向影响。因此，提出本章研究假设H3：

H3：环境不确定性在谦逊型领导和基于组织的自尊之间起正向调

节作用。

结合假设 H2 和 H3，本书进一步预期，基于组织的自尊在谦逊型领导和员工跨界行为间的中介效应会受到环境不确定性的调节。具体而言，在环境不确定较高的情况下，谦逊型领导和基于组织的自尊的关系会更强，员工基于组织的自尊的提升，更容易激发他们的向善动机，使员工愿意表现出较多的跨界行为，以帮助团队获得实现目标的资源和支持，基于组织的自尊传导了谦逊型领导对员工跨界行为的效应。相反，低环境不确定性会降低员工对谦逊型领导行为的敏感性，从而削弱了谦逊型领导对基于组织的自尊的激发作用，较低基于组织的自尊的员工由于缺乏内在动机（唐汉瑛等，2015）而不愿意尝试跨界活动，最终表现出较少的跨界行为。综上分析，提出本章研究假设 H4：

H4：环境不确定性会调节基于组织的自尊在谦逊型领导和员工跨界行为之间的中介效应。环境不确定性越高，这一中介效应越强，反之则越弱。

3.3 研究方法

3.3.1 样本与数据收集

根据 Podsakoff 等（2003）的建议，为了减少自我报告法所造成的共同方法偏差问题，本书采用两个时点的问卷调查法，对北京、郑州、太原等地的 4 家科技企业的员工进行调查，员工工作涵盖了研发、运营、职能、销售等不同性质。在调查之前，我们与被试企业的人力资源经理进行沟通，确定参与调查的员工，并对其进行编码，以便两轮调查能够配对。为了保证问卷的质量，课题组在问卷首页标明数据收集仅用于学术之用，并且进行整体性分析，不会显示个人信息；在调查现场，课题组成员向被试承诺所收集所有信息会绝对保密，请大家放心作答，以保证数据的真实有效。在时点 1，我们向被试企业的 400 名员工发放问卷，用于收集人口统计变量、谦逊型领导、基于组织的自尊和环境不确定性的数据，回收 382 份有效问卷；间隔 3 个月后，在时点 2 向第一次参与调研的员工收集员工跨界行为的数据，剔除无效问卷及流失的样本后，我们最终得到 276 份有效样本。有效样本的最终回收率为 72.25%，其中，在 276 名员工中，39.1% 为男性，60.9% 为女性；本科学历的占 60.6%，硕士学历的占 38.0%，博士和专科学历的占比均为 0.7%；与团队直接领导共事的时间平均为 36.84 个月；员工的平均年龄为 29.22 岁。主管的平均年龄为 42.24 岁，74.6% 为男性，25.4% 为女性。样本特征统计分析如表 3-1 所示。总体而言，本书的样本呈现年轻化、高学历等特征。

表 3-1　　　　　　　样本特征统计分析（$N=276$）

变量	类别	频率	占比（%）
员工性别	男	108	39.1
	女	168	60.9
员工学历	专科及以下	2	0.7
	本科	105	38.0
	硕士	167	60.6
	博士	2	0.7

3.3.2 测量工具

在调研之前,课题组遵循严格的翻译—回译程序(Brislin,1970),将英文量表翻译为准确的中文。本书所涉及的变量均采用李克特5点量表进行评价,其中1代表"非常不同意",5代表"非常同意"。

(1) 谦逊型领导:其测量采用Owens等(2013)开发的3个维度,9个题项的量表。典型的题项如"我的直接领导经常赞美他人的长处""我的直接领导乐于接受他人的建议"。在本书中,其内部一致性系数为0.82。

(2) 基于组织的自尊:其测量采用Pirece等(1989)开发的10个题项的量表。典型的题项如"单位重视我""在单位我是有价值的人"。在本书中,其内部一致性系数为0.88。

(3) 环境不确定性:其测量采用杨卓尔等(2016)开发的5个题项的量表。典型的题项如"同行业内的竞争越来越激烈""市场竞争状况难以预测"。在本书中,其内部一致性系数为0.66。

(4) 员工跨界行为:其测量采用Marrone等(2007)开发的4个题项的量表。典型的题项如"我寻找能为我们团队提供创意的外部人士""我劝说外界支持我们团队的决策"。在本书中,其内部一致性系数为0.79。

(5) 控制变量:参考以往员工跨界行为的相关研究(Marrone et al.,2007;刘松博,李育辉,2014),本书将员工的性别、年龄、在本团队的工作时间、与领导共事时间、领导的性别和年龄6个人口统计变量作为控制变量。其中,男性赋值为1,女性为2;年龄以"岁"为单位;在本团队的工作时间及与领导共事时间以"年"为单位。

3.4 数据结果分析

3.4.1 共同方法偏差检验

本书采用员工自评的方式来收集数据,尽管采用两轮数据收集方法可以降低共同方法偏差带来的影响,但不能完全消除共同方法偏差。检验共同方法偏差的方法较多,其中较为简单的方法是 Harman 单因素检验。该方法的做法是将所研究的全部变量放在一起进行探索性因子分析,通过提取未经旋转特征值大于 1 的因子,如果提取的第一个公共因子未超过建议值 50% (Harrison et al., 1996),那么可以认为不存在严重的共同方法偏差问题。

为此,本书通过 Harman 单因子法来对共同方法偏差加以检验。对所有题项进行探索性因子分析,不经旋转得到的第一个主成分解释了 24.65% 的方差变异,未超过 50% 的建议值。由于该检验方法的不敏感性,本书还通过不可测潜在方法因子控制法进行进一步检验(Podsakoff et al., 2003)。结果显示,加入共同方法因子之后,五因子模型的拟合指标($\chi^2 = 91.88$,$df = 46$,$CFI = 0.98$,$NNFI = 0.97$,$RMSEA = 0.06$),相较于四因子模型($\chi^2 = 125.88$,$df = 48$,$CFI = 0.97$,$NNFI = 0.96$,$RMSEA = 0.076$),模型的卡方有了显著改变($\Delta\chi^2 = 34$,$\Delta df = 2$),但由于卡方会受到样本量的影响,因此,还需要比较其他不同拟合指标的差异。通过比较,我们发现加入共同方法因子的五因子模型,相比于四因子模型，其 CFI、NNFI 和 RMSEA 的改善程度均在 0.01—0.02（Williams et al.，1989；谢宝国，龙立荣，2008），这说明五因子模型的拟合程度相比于四因子模型并没有十分显著的改善。综上，我们可以判定，本书的共同方法偏差问题并不严重。

3.4.2 描述性统计分析

本书中主要变量的均值、标准差和相关系数，如表 3-2 所示。由表 3-2 可以看出，谦逊型领导与员工跨界行为（$r=0.23$，$p<0.01$）、基于组织的自尊（$r=0.37$，$p<0.01$）均显著正相关；基于组织的自尊和员工跨界行为（$r=0.26$，$p<0.01$）显著正相关。从表 3-2 可以看出，本书的各变量在 0.01 水平下具有显著的相关性，变量之间的相关系数均低于 0.75，存在多重共线性的警戒值（Tsui et al.，1995）。通过分析变量之间的相关性，为后续进行变量的回归分析奠定基础。

3.4.3 验证性因子分析

通过验证性因子分析，对谦逊型领导、基于组织的自尊、环境不确定性和员工跨界行为四个变量的区分效度进行检验，结果如表 3-3 所示。可以看出，四因子模型的拟合指标要显著优于其他三个模型，这表明本书所涉及的四个变量具有良好的区分效度，它们确实是四个不同的构念。

表 3-2 各变量的均值、标准差和相关系数

变量	1	2	3	4	5	6	7	8	9	10
1. 员工性别										
2. 员工年龄	-0.14*									
3. 本团队工作时间	-0.11	0.55**								
4. 与领导共事时间	-0.13	0.24**	0.33**							
5. 领导性别	0.12	-0.21	-0.08	-0.17**						
6. 领导年龄	-0.14*	0.22**	0.14*	0.22**	-0.17**					
7. 谦逊型领导	0.09	-0.03	-0.10	-0.08	0.01	-0.08	(0.82)			
8. 基于组织的自尊	0.07	0.15*	0.02	0.14*	-0.08	0.07	0.37**	(0.88)		
9. 环境不确定性	-0.18**	0.09	0.16**	0.16**	-0.94	0.07	0.17**	0.25**	(0.66)	
10. 员工跨界行为	0	0.04	0.02	0.12	-0.08	0.14*	0.23**	0.26**	-0.05	(0.79)
平均值	1.61	29.22	4.98	3.07	1.25	42.24	3.42	3.61	2.72	3.93
标准差	0.49	2.92	2.64	2.81	0.44	7.94	0.69	0.54	0.71	0.56

注: $n=276$; * $p<0.05$, ** $p<0.01$, 对角线括号内的斜体数字为量表的内部一致性系数。

表 3-3　　　　　　　　　验证性因子分析结果

模型	χ^2	df	$\Delta\chi^2$	CFI	NNFI	RMSEA
四因子模型：HL、OBSE、EU、BS	125.88	48	—	0.97	0.96	0.076
三因子模型：HL+OBSE、EU、BS	300.62	51	174.74**	0.91	0.86	0.132
二因子模型：HL+OBSE+EU、BS	493.10	53	367.22**	0.84	0.77	0.173
单因子模型：HL+OBSE+EU+BS	703.84	54	577.96**	0.77	0.66	0.208

注：+代表两个因素合并为一个因素；*$p<0.05$，**$p<0.01$；HL代表谦逊型领导；OBSE代表基于组织的自尊；EU代表环境不确定性；BS代表员工跨界行为（下同）。

3.4.4 假设检验

（1）主效应检验。运用层级回归分析，通过SPSS 21.0对谦逊型领导和员工跨界行为的关系进行检验，具体步骤为：首先，以员工跨界行为为因变量，将员工的性别、年龄、在本团队的工作时间、与领导共事时间、领导的性别和年龄作为控制变量放入回归模型，回归结果如表3-4模型M1所示，在此基础上，将谦逊型领导作为自变量放入回归模型，结果如表3-4模型M2所示。由M2可知，谦逊型领导对员工跨界行为具有显著的正向影响（$\beta=0.29$，$p<0.001$），因此，本章假设H1得到验证。

（2）中介效应检验。中介效应的方法有多种，较为常用的是Baron和Kenny（1986）提出的逐步检验法，具体来说，①中介变量（M）对自变量（X）的回归分析，回归系数应显著；②因变量（Y）对自变量（X）回归，回归系数也应显著；③因变量（Y）同时对自变量（X）和中介变量（M）的回归，中介变量的回归系数应显著，自变量的回归系数减小。由于逐步检验法的检验效力在各种方法中是最低的，因此这一检验法也受到了许多的批评和质疑（温忠麟，叶宝娟，2014），温忠麟等人总结了已有的检验方法之后，提出了一个检验中介效应的程序，并认为这种程序犯第一类和第二类错误率之和通常比单一检验方法要小（温忠麟等，2004），因此推荐采用这种程序。中介效应的检验程序为：首先，检验系数 c，看 c 是否显著，如果不显著，说明 X 和 Y 相关性不显著，应停止中介效应分析，如果 c 显著，进入下一步。接着，依次检验系数 a、b，如果 a、b 都显著，则检验系数 c'，如果 c' 显著则表明中介效应为部分中介，如果 c' 不显著则表明中介效应为完全中介；如果 a、b 至少有一个不显著，则采用 sobel 检验，如果计算的 sobel 检验统计量显著，则表明中介效应显著，否则中介效应不显著。

参考温忠麟等（2004）的中介效应检验方法，分四步对基于组织的自尊在谦逊型领导和员工跨界行为间的中介效应进行检验。具体而言，首先，对主效应进行检验（见模型 M2），结果已得到本章研究假设 H1 支持；其次，对谦逊型领导和基于组织的自尊的关系进行检验，结果如表 3-4 模型 M6 所示，谦逊型领导对基于组织的自尊具有显著的正向影响（$\beta = 0.37$，$p < 0.001$）。再次，对基于组织的自尊和员工跨界行为的关系进行检验，结果如表 3-4 模型 M4 所示，基于组织的自尊对员工跨界行为具有显著的正向影响（$\beta = 0.25$，$p < 0.001$）。最后，在模型 M1、M2 的基础上，加入中介变量进行回归，结果如表 3-4 模型 M3 所示，谦逊型领导对员工跨界行为的回归系数减小（$\beta = 0.23$，$p < 0.001$），基于组织的自尊对员工跨界行为的影响显著（$\beta = 0.16$，$p < 0.05$）。这表明基于组织的自尊在谦逊型领导和员工跨界行为之间起部分中介作用。因此，本章研究假设 H2 得到证实。

（3）调节效应检验。检验调节变量最常用的方法就是多元调节回归分析（罗胜强，姜嬿，2014）。一般的步骤是，通过层级回归，首先，将控制变量放入回归模型的第一层；其次，将自变量和调节变量分别放入回归模型的第二层和第三层；最后，将中心化或标准化后的自变

表 3-4 层级回归检验结果

变量	员工跨界行为				基于组织的自尊			
	M1	M2	M3	M4	M5	M6	M7	M8
员工性别	0.03	-0.01	-0.02	-0.01	0.13	0.09	0.12	0.12
员工年龄	0.05	0.01	-0.01	-0.01	0.19	0.15	0.16	0.19
本团队工作时间	-0.05	-0.03	-0.01	-0.03	-0.12	-0.82	-0.11	-0.13
与领导共事时间	0.10	0.11	0.09	0.07	0.13	0.14	0.13	0.13
领导性别	-0.05	-0.03	-0.02	-0.03	-0.07	-0.05	-0.05	-0.06
领导年龄	0.11	0.15	0.14	0.11	0.04	0.08	0.07	0.03
谦逊型领导		0.29***	0.23***			0.37***	0.33***	0.34***
基于组织的自尊			0.16*	0.25***				
环境不确定性							-0.18**	-0.17**
交互项							0.19	0.16**
R^2	0.03	0.09	0.11	0.09	0.04	0.17	0.19	0.21
ΔR^2	0.03	0.06	0.02	0.06	0.04	0.13	0.02	0.02
F	1.49	4.74***	5.03***	3.80***	2.70*	8.34***	8.61***	8.76***

注：* $p<0.05$，** $p<0.01$，*** $p<0.001$；交互项=谦逊型领导×环境不确定性；CI 为置信区间；调节变量的高/低是指高于/低于平均值一个标准差。

量和调节变量的乘积项放入第四层,如果交互项系数显著,说明所假设的调节变量的调节作用显著。此外,采用乘积法检验调节变量之前,如果自变量或调节变量中有一个是类别变量,要将类别变量进行转换成虚拟变量。

本书遵照上述方法,采用层级回归,分四步对环境不确定性的调节效应进行检验,其中,谦逊型领导和环境不确定性的交互项为两者分别标准化后的乘积。具体而言,以基于组织的自尊为因变量,首先,在回归模型中逐层加入人口统计变量,回归结果如表 3-4 模型 M5 所示;其次,加入自变量谦逊型领导,结果如表 3-4 模型 M6 所示;再次,加入调节变量环境不确定性,结果如表 3-4 模型 M7 所示;最后,在回归模型中加入谦逊型领导和环境不确定性的交互项,结果如表 3-4 模型 M8 所示,可以看出,交互项的系数显著 ($\beta = 0.16$, $p < 0.01$)。这表明环境不确定性在谦逊型领导和基于组织的自尊之间起正向调节作用。为了进一步明晰环境不确定性的调节作用,本书绘制出环境不确定性均值加一个标准差 (+SD) 和减一个标准差 (-SD) 水平下谦逊型领导和基于组织的自尊之间的关系图 (见图 3-2)。简单斜率检验结果表明,高环境不确定性所在直线的斜率 ($\gamma = 0.468$, $p < 0.001$) 比低环境不确定性所在直线的斜率 ($\gamma = 0.233$, $p < 0.05$)

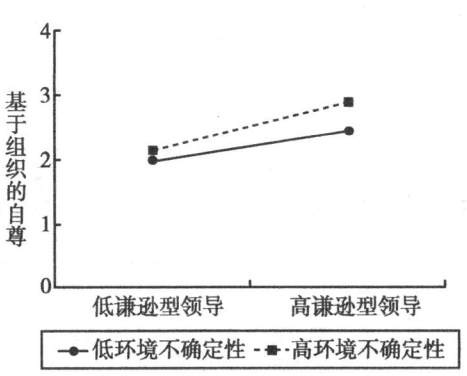

图 3-2 环境不确定性的调节效应

第3章 员工跨界行为的形成机制：谦逊型领导的视角

更大，这表明环境不确定性起正向调节作用，即环境不确定性越高，谦逊型领导对基于组织的自尊的正向影响越强。因此，本章研究假设 H3 得到支持。

（4）被调节的中介效应检验。本书运用 Hayes（2013）开发的 SPSS/SAS 宏 PROCESS，对环境不确定性对基于组织的自尊的中介效应的调节作用进行检验。结果如表 3-5 所示。由表 3-5 可知，当环境不确定性较低时，谦逊型领导通过基于组织的自尊影响员工跨界行为的间接效应显著（$b=0.03$，Boot 95% CI 未包含 0）；当环境不确定性较高时，谦逊型领导通过基于组织的自尊影响员工跨界行为的间接效应显著（$b=0.07$，Boot 95% CI 未包含 0）。由于上述的置信区间（CI）均未包含 0，这表明无论是环境不确定性高还是低，谦逊型领导通过基于组织的自尊对员工跨界行为的间接效应都是显著的。针对这种情况，根据 Preacher、Rucker 和 Hayes（2007）的判定方法即"调节变量在不同取值情况下，间接效应一个显著，另一个不显著则说明被调节的中介效应存在"则无法作出判断，因此，Hayes（2015）认为还应参考 INDEX 这一指标作出进一步判定。由表 3-5 可以看出，INDEX 为 0.03，置信区间为 [0.005，0.065]，未包含 0，这说明环境不确定性会调节基于组织的自尊在谦逊型领导和员工跨界行为之间的中介效应。因此，本章研究假设 H4 得到验证。

表 3-5　　　　　　　　被调节的中介效应检验结果

	调节变量	水平	效应	SE	Boot 95% CI	INDEX	SE	Boot 95% CI
有条件的间接效应	环境不确定性	低	0.03	0.02	[0.007，0.073]	0.03	0.02	[0.005，0.065]
		高	0.07	0.03	[0.018，0.131]			

3.5 结论与讨论

虽然以往的研究强调，谦逊型领导会带来积极的影响，然而，谦逊型领导和员工跨界行为的关系如何？其影响机制是什么？这些问题都缺乏相对深入的探讨。本书针对这些问题，通过两个时点的问卷调查，对谦逊型领导和员工跨界行为的关系展开研究。具体而言，本书以资源保存理论为基础，通过实证数据检验了谦逊型领导对员工跨界行为的主效应，基于组织的自尊在两者间的中介效应，环境不确定性在谦逊型领导和基于组织的自尊之间的调节作用，及其对基于组织的自尊的中介作用的调节即被调节的中介效应。实证结果总体上支持了本章提出的四个研究假设。

3.5.1 研究结果讨论

首先，本书证实了谦逊型领导是影响员工跨界行为的重要情境因素。以往研究指出，个体因素和情境因素（包括人格、组织结构等）均对员工跨界行为产生影响，但是对谦逊型领导和员工跨界行为之间关系的实证检验却并不多见。谦逊型领导作为一种重要的人际情境因素，为下属对自我价值和能力的评估提供重要的信息，强化了下属的自我概念，下属为了保持自我概念的一致性，会致力于证明和提升其团队价值的行为（Chan et al., 2013），从而表现出较多的跨界行为。此外，结合中国文化来看，自古就有"士为知己者死"的传统（沈伊默等，2017），因此，对于被领导者认可和欣赏的下属来说，他们会将团队利益置于个人利益之上，通过实际行动来协助领导为团队获取外界的资源和支持，以弥补领导自身存在的不足，进而促进团队目标的实现。据此我们推断，在中国文化背景下，领导行为可能对于员工跨界行为的产生具有十分重要的意义。基于此，本书聚焦于谦逊型领导的影响效应，实证结果显示，谦逊型领导行为对员工跨界行为具有显著的正向预测作用。值得提出的是，经过进一步检验我们还发现，谦逊型领导的三个维度对员工跨界行为的影响有所不同，除可教性这一维度的影响效应不显著（$\beta = 0.12$，$p > 0.05$），其他两个维度的影响效应均为正向且显著。可教性的影响效应不显著，可能的原因在于，领导向下属虚心学习，对新观点保持开放态度，这可能更有益于员工表达真实想法，对领导建言献策，而不一定会激发员工表现出跨界行为。

其次，本书发现了基于组织的自尊在谦逊型领导和员工跨界行为之间的中介作用。谦逊型领导之所以会对员工跨界行为产生影响，我们推测可能是这种领导行为影响了员工的相关心理或动机状态，进而对其跨界行为产生影响。鉴于此，本书借鉴自我概念理论，对基于组织的自尊在谦逊型领导和员工跨界行为之间的作用进行了检验。实证结果证实了基于组织的自尊在谦逊型领导和员工跨界行为之间承担着部分中介作用，这表明谦逊型领导不但可以对员工跨界行为产生影响，而且可以通过基于组织的自尊对员工跨界行为产生间接的作用。这一结果与 Chan 等（2013）所提出的"领导行为—基于组织的自尊—下属结果"研究框架较为吻合，即领导行为会影响下属自我评价和价值感知的高低，进而决定下属的工作产出或反应。值得注意的是，本书中谦逊型领导行为的三个维度对员工基于组织的自尊的作用并不一致，其中，可教性对基于组织的自尊的影响效应不显著（$\beta = 0.05$，$p > 0.05$），其他两个维度的影响效应均为正向且显著。可教性的影响效应不显著，可能是由于，尽管领导者懂得通过学习示范来激发下属潜能，但领导者虚心学习的目的更在于提升自己（Owens & Hekman，2012），这可能导致员工在组织中的价值感和重要性打折扣，从而弱化了可教性对员工基于组织的自尊的正向影响。

最后，领导行为的效应不是在真空中传导的，它需要依赖于一定的情境因素。因此，本书还从环境不确定性这一团队外部因素探讨了谦逊型领导作用的边界条件。以往关于谦逊型领导的边界条件研究多局限于团队内部，对于团队外部因素的探讨并不多见，基于此，本书深入探讨了员工感知的环境不确定性在谦逊型领导、基于组织的自尊和员工跨界行为之间的地位和角色。实证结果表明，环境不确定性在谦逊型领导和基于组织的自尊之间起调节作用，并且调节基于组织的自尊的中介效应，即当环境不确定性越高时，谦逊型领导会大大提升基于组织的自尊，进而对员工跨界行为产生间接的促进作用。尽管高环境不确定性可能使团队成员产生焦虑和压力，使团队成员对自身的能力以及跨界行为充满不自信（Waldman et al.，2001），进而表现出较少的跨界行为，但是领导者的谦逊型领导行为，可以为团队成员提供了一个有效的社会—心理情境，进而调动了他们全部的情感性动力（蒿坡等，2015），从而使团队成员信心百倍的应对环境不确定性所带来的挑战。此外，还有研究指出，高环境不确定性会迫使团队成员进行不断反思，主动学习和沟通来适应与掌控外部环境（蒿坡等，2015）。谦逊型领导的自我反思，为下属树立了榜样，起到了角色示范的作用（Bandura，1986），因而下属也会积极地观察、学习和模仿领导者的行为，因此在高环境不确定性下，谦逊型领导更有利于下属进行更多地反思和学习，提升下属在团队中的价值和掌控外部环境的能力，从而有助于增强下属基于组织的自尊，并进一步影响下属的跨界行为。本书直接响应了 Marrone（2010）的呼吁："团队成员致力于跨界活动过程中，除了团队领导者起到关键作用外,还应关注外部环境在这一过程中所起的作用,比如不确定性水平和情境限制。"

3.5.2 理论意义

本书的研究结果在理论方面至少具有三方面的意义:首先,本书聚焦于员工跨界行为的情境性前因变量,将谦逊型领导纳入研究框架,验证了谦逊型领导对员工跨界行为的促进作用,有力的拓展和丰富了员工跨界行为影响因素的现有成果,并为研究者后续广泛开展这方面的研究提供了一定的启发。其次,为"谦逊型领导为何会影响员工的跨界行为"这一问题提供了理论解释和视角。如前所述,尽管有不少研究探讨谦逊型领导对员工行为的影响,但是很少直接检验谦逊型领导和员工跨界行为的关系,并进一步探索它们之间的内在作用机制。以往的研究在解释谦逊型领导影响下属行为的内在机制方面,多是基于领导中心观视角(Chan et al., 2013),并且主要基于社会交换理论(如陈龙等,2018;代同亮等,2019),社会认知理论(罗瑾琏等,2016;张亚军等,2017)和社会信息加工理论(Wang et al., 2016;Wang et al., 2018;王宏蕾,尹奎,2021)等理论来阐释,与此不同,本书则从下属中心观的角度着手,基于资源保存理论,以基于组织的自尊为例对此方面进行探索,有助于我们从一个相对新颖的视角来解读谦逊型领导发生的作用机制。最后,初步确立了谦逊型领导通过基于组织的自尊对员工跨界行为产生影响的边界条件,显示出基于组织的自尊在谦逊型领导和员工跨界行为的中介作用还依赖于一定的权变条件,如本书中的环境不确定性这一团队外部情境因素,从而构建了一个被调节的中介模型,使理论模型更加的完整。

3.5.3 实践启示

本书的结论对组织管理实践也具有重要的启示。第一，由于谦逊型领导会促进员工的跨界行为，因而在尝试从事跨界活动的团队中，领导者可以适当地实施谦逊型领导行为，如向团队成员坦承自身的缺陷和不足，积极地发现他们的优点和贡献，使团队成员在团队中的价值和能力得到认可而受到激励，进而促进团队成员从事跨界活动。或者培养更多的谦逊型领导者，比如开展领导力培训，提升管理者对谦逊型领导重要性的认识等。第二，基于组织的自尊的中介作用则提示我们，个体在团队中的自我价值评估非常重要，它是员工表现跨界行为更为直接的驱动因素，并且直接领导者的作用不容忽视，因此，领导者应多采取认可和赞美的方式来评价团队成员，积极地干预成员对自我价值和能力的评价。同时，员工自己也应当积极争取领导对自己的赏识，在领导面前要积极表现自己的优点，尤其是积极利用自己的专业特长为团队作出贡献，从而影响领导对自己的价值评价。第三，领导者应该对组织或团队外部环境变化保持关注，对于那些环境不确定性较高的团队，可以在一定程度上采取谦逊型领导方式来增强员工基于组织的自尊，进而促进员工的跨界行为；而对于那些环境不确定性较低的团队，由于其对外界资源的需求不是太大，从事跨界活动的可能性较小，因此，领导者采取原有的领导方式以保持团队的稳定运行更为合适。

3.5.4 研究局限与展望

尽管本书取得了一些有价值的研究结论，但仍存在如下不足：

第3章 员工跨界行为的形成机制：谦逊型领导的视角

首先，本书采用两个时点的问卷调查法来收集数据，但由于自变量和中介变量的数据是在同一时点收集的，这并不能真正地判定变量之间的因果关系。因此，在未来的研究中应对这种研究设计加以改进，比如可以通过3个时点的追踪研究或实验研究来进一步明晰变量间的因果关系。

其次，本书所涉及的变量均采取员工自评的方式加以测量，尤其对于因变量员工跨界行为，这可能增加共同方法偏差，但本书经过统计检验，发现共同偏差问题对研究结论的影响并不严重。事实上，有不少学者采用员工自评的方式来测量其研究的全部变量，如张华磊等（2014）、Kim等（2009）。对于员工跨界行为采用自评式测量，结合类似研究的观点（Chen et al.，2014），本书认为员工对自己跨界行为的报告可能比他们的上级更细致入微，因为员工更了解影响其跨界行为的情境信息，而且他们的主管可能并不了解员工开展的各种各样的跨界活动。尽管如此，今后的研究应采取多来源的数据或领导—下属配对的数据收集方式对本书加以改进。

再次，本书以资源保存理论为研究框架，探讨了谦逊型领导与员工跨界行为之间的内在作用机制，具有一定的理论贡献。未来可以将其他个体身心资源（如自我效能感、乐观等）整合到同一模型中（如 Xanthopoulou et al.，2009；Barbier et al.，2013），并加以对比分析，从而丰富现有的理论成果。同时，基于组织的自尊的部分中介作用也提示我们，谦逊型领导还可能通过其他路径对员工跨界行为产生影响，这需要借助其他理论加以揭示，比如借助社会认同理论，来检验领导认同是否也在上述关系中起中介作用。

最后，员工跨界行为主要基于团队情境下加以探讨的，它很可能受到团队性质的影响，但本书并没有将其作为控制变量加以控制。借鉴以往相关的研究（Ancona & Caldwell，1990；袁庆宏等，2015），本书认为未来可以对团队的任务类型、团队发展阶段、团队规模等团队变量加以控制。具体而言：

(1) 团队任务类型。团队任务通常可以分为研发、生产、职能管理、销售等几种类型（Ancona & Caldwell，1990）。其中，研发团队是企业创新的载体，他们正是通过跨界来探索和获取与创新有关的知识、信息和资源（袁庆宏等，2015）。销售团队则倾向于采取搜索等跨界行为，从而获得来自市场的相关信息（Ancona & Caldwell，1990），以提升销售业绩。因此，从事这种两种任务类型的团队可能和员工跨界行为存在正相关。而职能管理团队和生产团队由于承担的多为常规性任务（Ancona & Caldwell，1990；Bell et al.，2011），其成员不太可能表现出跨界行为。就这点来看，团队任务类型可能对员工跨界行为具有一定的影响。

(2) 团队发展阶段。根据 Farh、Lee 和 Farh（2010）的研究，可以将团队发展阶段分为早期阶段和晚期阶段。在团队发展早期阶段，团队主要致力于产生想法和策略，而在团队发展后期阶段，团队则主要致力于任务和策略的执行（Bell et al.，2011）。员工跨界行为包含信息搜索、交际、任务协调和尽力执行等四种不同类型（Ancona & Bresman，2007），前两种类型的跨界行为与团队发展前期阶段的工作相匹配，而后两种类型的跨界行为与团队发展后期阶段的工作相匹配，据此来看，不同的团队发展阶段可能与员工跨界行为存在一定的相关性。

(3) 团队规模。团队规模是决定团队过程的一个重要的结构变量。根据 Hogel（2005）的研究结果，相比于大规模的团队（10 人以上），小规模的团队（4 人以下）其团队成员之间的沟通较为通畅，对完成工作所需的资源较少，因此，团队成员表现出较少的跨界行为就可以将所获资源在团队内外部进行有效分配，使内外部配合一致（刘松博，李育辉，2014）。相反，大规模的团队其团队成员对资源的消耗较多（Hogel，2005），并且对资源的需求种类可能存在较大差异，因此，团队成员必须展现较多的跨界行为才可以将所获资源在团队内外部进行有效分配，以保证内外部配合一致（刘松博，李育辉，2014）。由此来看，团队规模大小可能对员工跨界行为存在一定的影响。

第4章

员工跨界行为对创新绩效的作用机制研究

第 4 章 员工跨界行为对创新绩效的作用机制研究

4.1 问题提出

随着环境不确定性和任务复杂性加剧，越来越多的领导者鼓励团队成员跨越组织边界，通过跨界行为与外部相关者建立联系，获取异质性的资源和信息，以实现预期目标（Liu et al.，2018）。研究显示，员工跨界行为有助于提升员工任务绩效（Liu et al.，2018）、团队任务绩效（Marrone et al.，2007）和组织创新（Hargadon，1998）。然而，有关员工跨界行为和创新绩效的关系研究并未引起足够的关注（Zhang & Li，2020）。事实上，为了提高团队在不确定环境下的灵活性和适应性，团队领导者对员工获取异质性信息，进而提升他们的创新绩效提出了更高的要求（Zhang & Li，2021）。尽管有学者指出跨界活动有助于个体产生新观点或创造力（Tortoriello & Krackhardt，2010），但相关实证研究仍较为缺乏。鉴于此，本书将系统探讨员工跨界行为和创新绩效的关系。

先前研究在解释员工跨界行为对员工结果的影响时，主要基于社会网络理论（刘松博，李育辉，2014；Liu et al.，2018）和知识整合理论（Zhang & Li，2020）等视角，这为本书的开展奠定了基础。然而，上述理论难以回答员工通过跨界活动所获得的资源如何转化为员工的内在资源，进而形成创新绩效的。许多研究表明，充足的资源是个体获得创新绩效的必要条件（Amabile，1988；Petrou et al.，2019）。基于此，本书提出工作意义感可能在员工跨界行为和创新绩效之间起中介作用。这是由于，跨界者占据着结构洞的位置，这有助于提升他们的声誉和领导力，并建立高质量的团队—成员交换关系（Marrone，2010）。同时，他们的跨界角色对于团队目标的实现具有重要贡献和价值（Aldrich & Herker，1977）。这些要素有助于提升跨界者的工作意义感（Lysova et al.，2019；Rosso et al.，2010）。而工作意义感作为一种心理资源（Engelken et al.，2016；Sun et al.，2019），有助于提升个体的内在动机、积极的心理体验、工作投入和承诺，进而有利于增加他们的创新绩效（Allan et al.，2019；Cohen-Meitar et al.，2009）。工作意义感常用来解释个体或组织层次效应的中介机制（Bailey et al.，2019），但是很少研究从资源视角来检验工作意义感在员工跨界行为和创新绩效之间的中介作用。因此，本书拟运用资源保存理论（Hobfoll，1989），来揭示工作意义感在上述关系中的中介机制。

此外，员工跨界行为作为一个来自西方文化背景下的构念，我们对其在东方背景下是否有效仍知之甚少（Liu et al.，2018）。尽管有研究探讨了团队权力距离和团队集体主义氛围对员工跨界行为有效性的影响（刘松博，李育辉，2014；Liu et al.，2018），然而有关员工跨界行为和工作意义感之间的调节机制仍不够清晰。考虑到工作意义感起到一种心理资源的作用，并结合中国的文化特征，本书拟考察团队差序氛围对上述关系中的影响。团队差序氛围作为一种基于中国传统文化和社会信息背景下的组织内人际关系现象，它是指团队成员围绕着团队资源控制者所形成的关系密度的差异程度（刘军，章凯，仲理峰，2009），反映了团队资源和权力的分别特征（陈志霞，典亚娇，2018）。当团队差序氛围浓厚时，团队成员很可能感知到团队资源分配的不公平，从而导致了他们的消极情绪，这将不利于其工作意义感等积极心理资源的形成（陈璐，杨百寅，井润田，2015）。因此，本书还将探讨团队差序氛围的调节作用。

本书至少具有以下三个方面的理论贡献。首先，本书基于资源保存理论，检验了工作意义感在员工跨界行为和创新绩效之间的中介作用。

这将有助于进一步揭示员工跨界行为对员工创新绩效作用的内在过程，丰富两者之间的中介机制研究。其次，通过检验团队差序氛围的调节作用，本书不仅有助于揭示中国组织情境下员工跨界行为对工作意义作用的边界条件，而且有利于拓展我们对员工跨界行为在非西方社会的有效性提供新的视野。最后，本书构建了一个整合性的跨层次模型来探索员工跨界行为和创新绩效之间的关系，有助于勾勒出员工跨界行为对创新绩效作用的全景画面。理论模型如 4-1 所示。

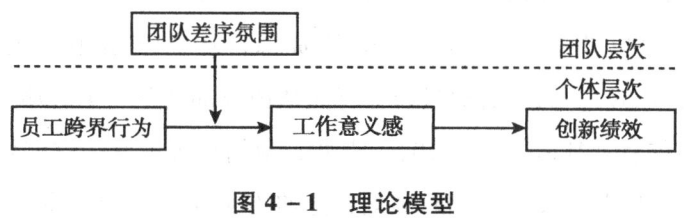

图 4-1 理论模型

4.2 研究假设

4.2.1 员工跨界行为和创新绩效的关系

员工创新绩效是指在个体层次对组织有益的新颖或原创的产品、观点和程序（Oldham & Cummings, 1996）。已有的研究识别了影响员工创新绩效的各种因素，可以分为个体因素与情境因素。其中，个体因素包括人格特质、动机、情绪等，情境因素包括领导方式、组织氛围、人力资源管理实践等（Shalley et al., 2004；王先辉等, 2010）。然而，少有研究系统探讨员工跨界行为和创新绩效的关系（Zhang & Li, 2020）。相关的文献表明，员工反馈寻求行为或团队外部学习行为能够促进个体创新绩效的提升（Stobbeleir et al., 2011; Liu et al., 2013）。员工跨界行为不同于上述构念，但它们之间存在许多相似的特征。比如，员工跨界行为包括信息搜索和分享、从高层管理者寻求反馈，以及在外部互动中进行学习（Liu et al., 2018; Marrone et al., 2007）。本书认为员工跨界行为和创新绩效可能存在积极的关系。具体而言：

首先，根据资源保存理论，当个体具有足够多的资源时，他们将投资这些资源以获得更多的有价值的资源，从而丰富他们的资源池（Hobfoll, 1989）。跨界者通过跨界行为从内外部利益相关者那里获得各种资源和信息（Marrone, 2010）。因此，他们很可能利用这些资源开展创新活动，以获得较多的创新绩效，这将有助于员工应对资源的损失，并满足领导者对跨界者的期望（Zhang & Li, 2021）。

其次，从社会网络理论的视角来看，跨界者与顾客、高管、专家等外界主体建立的良好关系，有助于他们占据结构洞的位置（Marrone, 2010）。占据这些关键位置的跨界者能够获取新的资源、知识和信息，这将有助于他们产生新的观点，并获取更多的创新绩效（Zhang & Li, 2021）。同时，处于网络中心的员工具有与外部相关者交换异质性资源（如知识和信息），并与团队内部成员建立良好的交换关系的优势。以往的研究显示，异质性的知识和团队—成员交换关系和员工创新绩效存在积极的关系（Rodan, 2002; Liao et al., 2010）。

最后，研究指出，当成员为团队建立一个目标或方向，以及协调战略性任务时，则会出现非正式领导涌现（Zhang et al., 2012）。跨界者在与外界主体建立联系、从外界收集信息以及与同事分享信息等方面承担较多的责任（Liu et al., 2018），因而他们能够通过跨界行为获得非正式领导涌现。先前的研究基于社会交换理论发现，非正式领导或非正式领导涌现和个体绩效存在积极关系（Liu et al., 2018; Zhang et al.,

2012)。这是由于非正式领导向团队成员提供支持,根据互惠原则,进而他们可能从这些成员那里获取一定的帮助,比如,在开展创新活动中,提供必要的资源和异质性知识等。依此逻辑,本书推测,非正式领导涌现可能有助于员工创新绩效的提升。此外,作为涌现性领导者(emergent leaders),他们的认同感和责任感会得到强化(Zhang et al.,2012),进而有助于产生较高的创新绩效(Jiang & Gu,2015)。因此,提出本章研究假设 H1:

H1:员工跨界行为和创新绩效正相关。

4.2.2 工作意义感的中介作用

工作意义感(Meaning of Work)这一构念吸引了许多研究者的注意,但迄今为止,对其内涵尚未达成共识(Bailey et al.,2019;Steger et al.,2012)。然而,在组织行为学研究领域,工作意义感主要是从心理学的角度来定义的,强调个体积极的工作体验和感受(Rosso et al.,2010)。遵循先前的这些研究,本书将工作意义感定义为个体对他们在工作中所做的事情和他们所做的事情的重要性的理解(Wrzesniewski et al.,2003)。

学者们试图识别工作场所中工作意义感的各种来源,如个人特征、关系、领导能力和工作环境(Bailey et al.,2019;Rosso et al.,2010)。虽然没有直接证据表明员工跨界行为与工作意义感之间的关系,但有文献间接表明员工跨界行为可能有助于个体感知到工作意义。例如,Clausen 和 Borg(2011)指出,当个体的工作角色具有目的性和价值性时,他们就会体验到工作的意义。跨界者在与外界建立联系和获取资源以实现团队目标方面承担更多的责任。因此,他们的工作角色可能比其他不承担跨界任务的团队成员更重要(Marrone et al.,2007)。

此外，上述研究者还发现，工作资源，如领导力和影响力与工作意义正相关（Clausen & Borg，2011）。员工跨界行为可以帮助个人获得非正式领导力和影响力（Liu et al.，2018；Marrone et al.，2007）。与此同时，Bailey 等（2019）提出，积极的工作场所关系与工作意义感有着积极的联系。跨界者与内部和外部利益相关者保持积极的互动，随着互动频率的增加，他们更有可能与对方发展高质量的关系（Marrone，2010）。基于这些原因，我们认为员工跨界行为可能与工作意义感呈正相关。重要的是，员工跨界行为，如寻求高层管理者的反馈，协调内部团队的任务活动，保持与外部参与者的互动（Marrone et al.，2007），可以被视为一种资源投资行为。根据资源保存理论（Hobfoll，1989），个人投资是为了获得新的资源和防止资源损失。因此，本书推测员工跨界行为可以帮助个人获得工作意义感。

此外，本书进一步认为，工作意义感与员工创新绩效呈正相关。首先，工作的意义有助于个体形成动机，从而提高他们的创造性表现（Cohen–Meitar et al.，2009）。这是因为个体的内在动机会影响其创造性过程参与度，进而提高员工的创新绩效（Zhang & Bartol，2010）。此外，Liang 等（2021）指出，体验到工作意义的人更有动力获得高绩效和在面对困难时坚持得更持久，这些要素是员工获得创新绩效的关键。相关研究表明，工作意义感可以预测积极的情绪和态度，如工作投入、工作满意度和承诺（Allan et al.，2019）和繁荣（Cohen–Meitar et al.，2009）。根据积极情绪拓展—构建理论（Fredrickson，2013），积极情绪作为一种有价值的资源，可以产生新颖的思想，并构建持久的个人资源（如弹性、技能和知识），进而提高个人的创造性表现。实证研究也表明，工作意义感可以提高创新绩效（Akgunduz et al.，2018；Liang et al.，2021）。综上所述，本书认为员工跨界行为可以通过工作意义感间接影响创新绩效。基于此，提出本章研究假设 H2：

H2：工作意义感在员工跨界行为与员工创新绩效之间起中介作用。

4.2.3 团队差序氛围的调节作用

团队差序氛围是一个具有中国本土特征的构念，主要是指团队成员围绕团队资源控制者（即团队领导者）所形成的关系密度的差异程度（Liu et al., 2018）。许多研究表明，差序氛围的特征包括关系导向、权力等级、差别待遇和资源优先配置（陈志霞，典亚娇，2018）。当团队成员感知到较高的团队差序氛围时，这意味着少数圈内人可以接近权力中心，他们从领导者那里获得更多的信任、关心、支持和资源。尽管如此，大多数的圈外人还是觉得自己被领导边缘化了，人际交往也不公平。那些圈外人常常认为领导者的差别对待是对他们的不信任和对他们能力的怀疑（杨红等，2021），这不仅导致了负面自我感知，而且可能破坏团队成员之间的和谐与友谊，减少他们贡献和进行团队分享的意愿（杨红等，2021），进而可能会降低他们跨越边界的动机，最终阻止他们获得工作意义感。虽然感知到高差序氛围的成员可以从外部行为主体得到支持和关系，这可以在一定程度上弥补领导的差别对待所造成的心理失衡，但根据社会交换理论，它仍可能减少员工的对团队或领导人的承诺和义务（Blau, 1964）。此外，假如个体在资源投资过程中（即员工跨界）不能公平地得到领导者的关心和支持。在这种情况下，他们不太可能感受到自己的价值和重要性，而这正是工作意义的核心组成部分（Wrzesniewski et al., 2003）。以此逻辑，我们推测，较高的团队差序氛围可能会弱化员工对跨界行为的积极感知，从而降低他们的工作意义感。

反之，当团队成员感知到较低的团队差序氛围时，说明团队领导者能够公平对待团队成员。这可能有助于创造一个和谐的工作环境，进而团队成员更容易对他们的工作形成积极的看法，最终影响到成员的工作意义感。本书认为，低水平的团队差序氛围可强化员工跨界行为与工作意义感之间的正向关系。因此，提出本章研究假设 H3：

H3：团队差序氛围负向调节员工跨界行为与工作意义感的关系。也即是说，团队的差序氛围越低，员工跨界行为与工作意义感之间的积极关系越强。

结合本章研究假设 2 和假设 3，我们认为团队差序氛围调节了工作意义感在员工跨界行为和员工创新绩效之间的间接效应。如上所述，当团队差序氛围较高时，可能会削弱成员对员工跨界行为的积极感知，甚至产生消极情绪，降低的工作意义感，最终导致创新绩效的下降。反之，当团队差序氛围较低时，则会增强成员对员工跨界行为的积极作用感知，进而增强成员的工作意义感，从而产生较高的创新绩效。因此，提出本章研究假设 H4：

H4：团队差序氛围调节工作意义感在员工跨界行为和创新绩效之间的间接效应。即随着团队差序氛围增强，工作意义感在员工跨界行为与创新绩效之间的间接作用减弱。

4.3 研究方法

4.3.1 样本与数据收集

本书通过两个时点的配对问卷调查，对太原、北京等地的企业进行实地调查获取相关研究数据。样本企业涉及互联网、园林、房地产和咨询服务等行业。为了成功地获取样本，课题组与企业负责人进行事先沟通，解释了本书的目的并获取他们的准许。随后，我们对公司提供的自愿参与调研的团队主管和成员（至少4人）进行编码，并在每个公司确认一名联系人以确保问卷能够按时回收。在时点1，课题组向80个团队的405个团队成员发放问卷，用于测量员工跨界行为、工作意义感、团队差序氛围和人口统计变量，回收了356份有效问卷；间隔1个月后，在时点2向参与时点1调研的员工的主管收集员工创新绩效的数据。剔除无效问卷后，经过配对，我们最终得到46个团队的211个员工的有效样本，每个团队主管平均评价4.59个成员。有效样本的最终回收率为59.27%，其中，在211名员工中，员工的平均年龄为29.62岁，40.3%为男性，59.7%为女性；硕士及以上学历的占6.2%，本科学历的占57.3%，专科学历的占比均为23.7%，高中及以下学历的占12.8%；工作年限平均为4.37年。在46名团队主管中，67.4%为男性，32.6%为女性；硕士及以上学历的占4.4%，本科学历的占60.9%，专科学历的占比均为26.1%，高中及以下学历的占8.7%；主管的平均年龄为37.43岁。样本特征统计分析如表4-1所示。总体而言，本书的样本呈现年轻化、高学历等特征。

表4-1 样本特征统计分析

变量	类别	频率	占比（%）
员工性别	男	85	10.3
	女	126	59.7
员工学历	高中及以下	27	12.8
	专科	50	23.7
	本科	121	57.3
	硕士及以上	13	6.2
主管性别	男	31	67.4
	女	15	32.6

续表

变量	类别	频率	占比（%）
主管学历	高中及以下	4	8.7
	专科	12	26.1
	本科	28	60.8
	硕士及以上	2	4.4

注：团队=46，个体=211。

4.3.2 测量工具

课题组遵循严格的翻译—回译程序（Brislin，1970），将英文量表翻译为符合中国语境的中文。本书所涉及的变量均采用李克特5点量表进行评价，其中1代表"非常不同意"，5代表"非常同意"。

（1）员工跨界行为：其测量采用Marrone等（2007）开发的4个题项的量表。典型的题项如"我寻找能为我们团队提供创意的外部人士""我劝说外界支持我们团队的决策"。在本书中，其内部一致性系数为0.83。

（2）工作意义感：其测量采用May，Gilson和Harter（2004）开发的6个题项的量表。典型的题项如"我觉得我的工作是有价值的"。在本书中，其内部一致性系数为0.86。

（3）员工创新绩效：其测量采用Oldham和Cummings（1996）开发的3个题项的量表。典型的题项如"该员工开发出对组织有用或原创性的新思想、方法和产品"。在本书中，其内部一致性系数为0.87。

（4）团队差序氛围：其测量采用刘贞妤（2003）开发的11个题项的量表。典型的题项如"我的直接领导与个别下属接触频繁""我的直接领导常会把私人事情交由个别下属处理"。在本书中，其内部一致性系数为 0.94。由于该变量被定义在团队层面,本书使用 R_{wg}、ICC(1)、ICC(2)三个指标加以判断。团队差序氛围的 R_{wg}、ICC(1)、ICC(2)分别为 0.84、0.35、0.71,分别大于 0.7、0.12 和 0.47 的标准。因此,可以将个体评价的团队差序氛围聚合到团队层面。

(5)控制变量:参考以往的相关研究(如 Marrone et al.,2007;刘松博等,2014;Zhang & Li,2021),本书将员工的性别、年龄、学历、工作年限等 4 个人口统计变量作为控制变量。其中,性别方面,男性赋值为 1,女性为 2;学历方面,高中及以下赋值为 1,大专为 2,本科为 3,硕士及以上为 4;年龄以"岁"为单位;工作年限以"年"为单位。

4.4 数据结果分析

4.4.1 共同方法偏差检验

尽管本书采用两轮配对问卷调查来收集数据,可以一定程度上降低共同方法偏差带来的影响,但不能完全消除共同方法偏差。为此,本书通过 Harman 单因子法来对共同方法偏差加以检验。对所有题项进行探索性因子分析,不经旋转得到的第一个主成分解释了 27.01% 的方差变异,未超过 50% 的建议值。由于该检验方法的不敏感性,本书还通过不可测潜在方法因子控制法进行进一步检验(Podsakoff et al.,2003),结果如表 4-2 所示。结果显示,加入共同方法因子之后,五因子模型的拟合指标（$\chi^2 = 159.82$，$df = 114$，CFI $= 0.97$，NNFI $= 0.96$，RMSEA $= 0.04$），相较于四因子模型（$\chi^2 = 213.08$，$df = 129$，CFI $= 0.95$，NNFI $= 0.94$，RMSEA $= 0.06$），模型的卡方有了显著改变（$\Delta\chi^2 = 53.26$，$\Delta df = 15$），但由于卡方会受到样本量的影响，因此，还需要比较其他不同拟合指标的差异。通过比较，我们发现加入共同方法因子的五因子模型，相比于四因子模型，其 CFI、NNFI 和 RMSEA 的改善程度均在 0.01—0.02（Williams et al.，1989；谢宝国，龙立荣，2008），这说明五因子模型的拟合程度相比于四因子模型并没有十分显著的改善。综上，我们可以判定，本书的共同方法偏差问题并不严重。

表 4 – 2　　　　　　　　验证性因子分析

模型	χ^2	df	$\Delta\chi^2$	CFI	TLI	RMSEA
四因子模型：BSB，MW，CX，CP	213.08	129	—	0.95	0.94	0.056
三因子模型：BSB + MW，CX，CP	676.32	133	463.24**	0.70	0.61	0.139
二因子模型：BSB + MW + CX，CP	1081.70	135	868.62**	0.47	0.33	0.183
单因子模型：BSB + MW + CX + CP	1146.81	136	933.73**	0.43	0.29	0.188

注：** $p < 0.01$；BSB = 员工跨界行为，MW = 工作意义感，CX = 个体层面差序氛围，CP = 创新绩效。

4.4.2　描述性统计分析

本书中主要变量的均值、标准差和相关系数，如表 4 – 3 所示。由

表 4-3 可以看出，员工跨界行为和工作意义感（$r=0.15$，$p<0.05$）、创新绩效（$r=0.62$，$p<0.01$）均显著正相关；工作意义感和创新绩效显著正相关（$r=0.20$，$p<0.01$）。从表 4-2 可以看出，变量之间的相关系数均低于 0.75 存在多重共线性的警戒值（Tsui et al.，1995）。通过分析变量之间的相关性，为后续进行变量的回归分析奠定基础。

表 4-3　　各变量的均值、标准差和相关系数[a]

变量	M	SD	1	2	3	4	5	6	7
1. 性别	1.60	0.49							
2. 年龄	29.62	6.45	-0.10						
3. 学历	2.57	0.79	-0.03	-0.49**					
4. 工作年限	4.37	5.29	0.01	0.68**	-0.24**				
5. 员工跨界行为	3.84	0.67	-0.06	0.11	-0.04	0.08			
6. 工作意义感	4.20	0.50	0.07	0.05	0.05	0.06	0.15*		
7. 团队差序氛围[b]	3.41	0.58	0.05	-0.10	0.07	-0.17*	0.01	0.11	
8. 创新绩效	3.68	0.87	-0.09	0.07	-0.09	-0.01	0.62**	0.20**	0.17*

注：*$p<0.05$，**$p<0.01$；[a] $n=221$（个体层次），$N=46$（团队层次）；[b] 团队层次变量被分配至团队中的每个个体。

4.4.3　假设检验

本书的模型为跨层次模型，因此，我们使用 HLM6.08 来检验研究假设，结果如表 4-4 所示。在假设检验之前，我们分别对水平 1 和水平 2 的数据进行组均值中心化（Group-Mean Centered）和总均值中心化（Grand-Mean Centered）。检验结果表明，在控制了性别、年龄、学历和工作年限之后，员工跨界行为对创新绩效显著正相关（M5，$\gamma=0.48$，$p<0.001$）。因此，本章研究假设 H1 得到支持。

接着，我们对工作意义感在员工跨界行为和创新绩效之间的中介作用进行检验。结果显示，员工跨界行为和工作意义感正相关（$\gamma = 0.15$，$p < 0.05$）。在 M5 的基础上，将工作意义感加入模型，员工跨界行为对创新绩效的回归系数由 0.48（M5，$p < 0.001$）降低到 0.46（M6，$p < 0.01$），但仍然显著。这表明，工作意义感在员工跨界行为和创新绩效之间起部分中介作用。因此，本章研究假设 H2 得到支持。

然后，对团队差序氛围在员工跨界行为和工作意义感之间的调节作用进行检验，结果如表 4-4 所示。员工跨界行为和团队跨界行为的交互项系数显著且为负（M3，$\gamma = -0.34$，$p < 0.05$）。因此，本章研究假设 H3 得到初步验证。根据 Aiken 和 West（1991）的建议，我们进一步绘制出在高一个均值标准差（M + SD）和低一个均值标准差（M - SD）条件下员工跨界行为和工作意义感的关系图，如图 4-2 所示。可以看出，当团队差序氛围高时，员工跨界行为和工作意义感的关系显著为负（$simple\ slope = -0.22$，$p < 0.05$）；当团队差序氛围低时，员工跨界行为和工作意义感的关系显著为正（$simple\ slope = 0.46$，$p < 0.001$）。综合上述结果，本章研究假设 H3 得到验证。

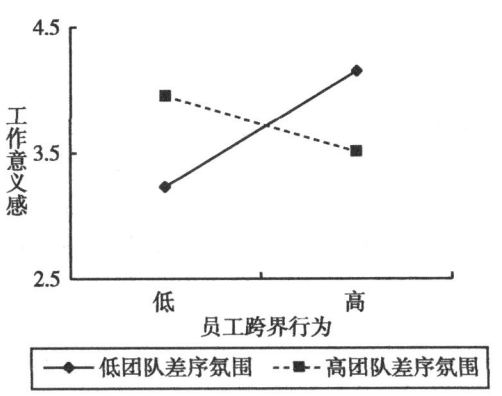

图 4-2　团队差序氛围的调节效应

最后,本书检验了团队差序氛围对工作意义感在员工跨界行为和创新绩效之间的中介效应的调节作用,即被调节的中介效应,结果如表4-5所示。结果显示,无论团队差序氛围是高,还是低,95%的置信区间均包括0,这表明,团队差序氛围对工作意义感的中介效应的调节作用不显著,因此,本章研究假设H4未得到支持。

表4-4　　　　　　　　　HLM检验结果

变量	工作意义感				创新绩效			
	零模型	M1	M2	M3	零模型	M4	M5	M6
截距	4.20***	3.00***	3.88***	3.71***	3.67***	3.83***	3.62***	3.76***
Level 1								
性别		0.10	-0.08	0.09		-0.05	0.03	0
年龄		0.01	0	0.01		0	0	0
学历		0.06	0.01	0.06		-0.04	-0.04	-0.04
工作年限		0	-0.01	0		-0.01	-0.01	-0.01
员工跨界行为			0.15*	0.16†			0.48***	0.46**
工作意义感								0.22*
Level 2								
团队差序氛围			0.02					
Level1 × level2								
员工跨界行为×团队差序氛围				-0.34*				
δ^2	0.22	0.22	0.20	0.25	0.45	0.46	0.36	0.35
τ_{00}	0.03	0.04	0.05	0	0.29	0.29	0.26	0.21

注:†$p<0.1$,*$p<0.05$,**$p<0.01$,***$p<0.001$;$n=221$(个体层次),$N=46$(团队层次)。

表 4-5　　　　　　被调节的中介效应检验结果

调节变量	Estimate	S. E.	95% LLCI	95% ULCI
高团队差序氛围	-0.01	0.04	-0.084	0.067
高团队差序氛围	0.09	0.06	-0.026	0.214
差异	-0.10	0.07	-0.242	0.036

注：$n=221$（个体层次），$N=46$（团队层次）。

4.5 结论与讨论

4.5.1 结论

本书基于资源保存理论，采用两个时点的领导—下属配对问卷，以46个团队的211个员工为样本，探讨了员工跨界行为对创新绩效的影响机制，尤其是工作意义感的中介作用以及团队差序氛围的调节作用。研究结果发现，员工跨界行为与创新绩效呈显著正相关。工作意义感在员工跨界行为与创新绩效的关系中起部分中介作用，团队差序氛围在员工跨界行为与工作意义感的关系中起调节作用。但被中介的调节效应并不显著。

首先，员工跨界行为与创造性绩效呈正相关。这一结果表明，员工跨界行为是创新绩效的重要自变量，这与 Zhang 和 Li（2020）的研究结果一致。从资源角度看，员工跨界行为之所以能够提高创造性绩效，主要是因为员工跨界行为帮助员工获取各种资源，如关系、影响力、异质性知识等，进而促进个体的创新绩效。此外，员工跨界行为也可以被认为是一种资源投资行为。员工通过展示跨界行为以获得新的资源（即创新绩效），进而防止他们陷入资源损失的螺旋。

其次，工作意义感在员工跨界行为与创新绩效之间起部分中介作用。这表明员工跨界行为不但对创新绩效具有直接影响，而且通过工作意义感间接影响创新绩效。虽然没有太多的研究探讨工作意义感在上述两个变量之间的作用，但实证结果支持了我们的推测。根据资源保存理论，员工跨界行为是一种资源投资行为，可以帮助个体获得新的资源，如工作意义。这种资源有利于提高员工的内在动机、敬业度和积极情绪，提高他们的创新绩效。因此，本书是对资源保存理论的应用和拓展。

再次，团队差序氛围在员工跨界行为与工作意义感之间起负向调节作用。团队差序氛围越强，员工跨界行为与工作意义感的正向关系越弱。这与之前的许多研究结果相似，如刘军等（2009）和杨红等（2021）。具体来说，高团队差序氛围可能使员工感知感到被团队领导者边缘化，导致他们无法获得足够的资源进行跨界活动，并且团队成员之间容易形成对抗、嫉妒和猜疑，这将不利于他们获得工作意义感。

最后，本书提出的被调节的中介效应不显著。研究结果表明，团队差序氛围没有调节工作意义感在员工跨界行为和创新绩效之间的间接效应。一种可能的解释是，团队的差序氛围（调节工作意义感的中介作用）受到其他因素的制约，如团队信任，它是指基于对其他团队成员的意图或行为的积极预期，团队成员愿意接受被伤害的可能性的共同看法（Yang et al.，2021）。团队信任有助于减少团队成员之间的隔阂，对领导者的差异化管理行为形成更积极的解释（Yang et al.，2021），这可能在统计学上抵消了团队差序氛围对工作意义感的负面影响。

4.5.2 理论意义

本书具有一定的理论意义。首先，以往的研究主要考察了员工跨界行为对任务绩效等变量的影响，然而，很少有研究在个体水平上探究员工跨界行为与创新绩效之间的关系。本书不但回应了学者们加强对上述关系研究的呼吁，而且回答了员工跨界行为是否影响员工创新绩效的问题。虽然有多项研究表明员工跨界行为可能会引起角色压力（朱金强等，2020），降低员工的创造力（Çekmecioğlu & Günsel，2011），但我们的研究结果为员工跨界行为和创新绩效的直接关系提供了新的发现。

其次，本书发现工作意义感在员工跨界行为与创新绩效之间的关系中起中介作用，从而回答了员工跨界行为如何影响创新绩效的问题。如上所述，虽然员工跨界行为增加个人的角色负担和情感倦怠（朱金强等，2020），但员工可以从跨界活动中可以获得各种资源（例如，高层管理人员的支持、影响、权力），这可能会降低角色负担和倦怠的负面影响作用，进一步增强了他们工作的意义。此外，与以往基于知识整合理论和社会网络理论的研究相比，基于资源保存理论揭示了员工跨界行为对创新绩效的影响机制，为解释二者之间的关系提供了新的视角。同时，本书的研究成果也是对朱金强等（2020）研究的拓展和补充。

最后，团队差序氛围调节了员工跨界行为与工作意义感之间的关系，揭示了中国组织情境下员工跨界行为有效性的边界条件。正如 Liu 等（2018）指出的，员工跨界行为起源于西方国家，但我们仍然不清楚员工跨界行为是否在非西方环境中（如中国）发挥重要作用。本书发现，高团队差序氛围削弱了员工跨界行为对个体工作意义感的正向影响。虽然这一发现对团队跨界者并没有太多的鼓励，但公平正义的价值观在中国却越来越受到重视。因此，差序氛围的负面作用可能比我们想象的要小。此外，本书的被调节的中介作用不显著，这意味着团队差序氛围并不影响工作意义感在员工跨界行为和创新绩效之间的中介作用。因此，本书可以为理解中国复杂的现代社会提供部分证据。

4.5.3　管理启示

本书对管理实践具有一定的启示。首先，由于员工跨界行为对创新绩效的积极影响，因此，团队领导者应该鼓励成员展示员工跨界行为，通过各种方式与外界主体（顾客、专家、高层管理者等）建立互动和联系。例如，从顾客那里获取产品改进的意见和建议，小米等企业则是从顾客或粉丝那里获取改进产品的建议，对产品进行迭代，不断形成创新性的产品；此外，员工还可以从高层管理者那里获取开展创新活动的授权、支持和建议，从而为更好地开展创新活动，降低创新风险，提升创新绩效奠定基础。当成员承担跨界角色时，领导者应该奖励或表扬他们，并为他们提供必要的支持。另外，团队成员应该加强员工跨界行为对个人和团队的积极影响的意识，虽然这可能会花费很多个人的时间和精力，对个体产生一定的角色压力，但从跨界活动中获取的资源（如同事支持、团队—成员交换关系等）不但可以有效弥补资源的损失，而且可以为个体带来新的资源，如创新绩效，从而可以帮助个体更加有效地应对外界未来的挑战，更好地适应环境的变化。

其次，团队领导要重视员工工作意义感的提升。由于工作是个体实现自身价值的有效途径，且占据个体一生的大部分时间，能否从工作中获取意义感，是决定个体是否投入工作的一个重要依据。相关研究也指出，工作意义感对个体而言是一种宝贵的身心资源，它对个体的内在动机、组织承诺等均具有积极的影响，是帮助个体实现资源增益的一种重要资源。因此，领导者在工作场所应重视员工工作意义感的提升，采取多种举措干预员工对其工作意义的感知。在众多的方法中，其中一个有效提升员工工作意义感的方法是鼓励他们多展现跨界行为，承担一些跨界责任，从事一定跨界活动，如与外部方建立联系，获得高层领导的支持和承诺，并与内部团队成员共享外部信息。这是由于，员工通过跨界行为，占据结构洞的位置，从而获得各种资源和非正式权力，从而实现自身的价值，体现出自身工作的重要性，而这些要素是构成工作意义感的重要内容。

最后，虽然差序现象在中国是普遍现象，但为了提高员工跨界行为的积极效果，团队领导者应该塑造一种低差序的氛围。例如，领导者可以减少差异化对待和资源偏私分配的行为，鼓励人人平等，为团队营造一种公平和谐的氛围，让愿意为团队付出的成员得到应有的支持和帮助。此外，尽管差序氛围作为一种情境因素具有一定的消极影响，但作为在中国组织情境下普遍存在的现象，员工应学会积极调整自己的认知，一方面认识到差序格局在中国社会的普遍性，另一方面还应学会积极挖掘差序可能带来的积极影响，比如，提升自己的努力程度，积极地将自己由圈外人变成圈内人，从而为未来工作获取一定的授权和资源等，进而降低个体对差序氛围的消极感知。

4.5.4 研究不足和未来展望

尽管本书取得了一些有价值的研究结论，但仍不可避免地存在一些局限性。

首先，虽然本书基于理论构建了变量之间的逻辑关系，同时通过配对调查来收集数据，但是仍不能严格地得出变量之间的因果关系。尤其是工作意义感与员工跨界行为之间的关系值得进一步探讨。我们承认，

第 4 章 员工跨界行为对创新绩效的作用机制研究

如果员工的工作有意义，他们可能会表现出更多的员工跨界行为。因此，未来应采用实验研究或纵向研究。但我们仍然认为员工跨界行为更有可能影响工作意义感，因为员工跨界行为可以增强个体的价值感和重要性，而这正是工作意义的核心组成部分。

其次，本书基于资源保存理论构建了理论模型，揭示了员工跨界行为对创新绩效的作用机制。然而，工作意义感的部分中介作用提示我们，在员工跨界行为和创新绩效之间可能还存在其他中介变量。例如，根据 Marrone（2010）的文献综述，员工跨界行为可以通过团队成员交换（Team – Member Exchange，TMX）或非正式地位来提高创新绩效。此外，员工跨界行为需要占用个体很多的时间和精力，可能会增加角色负担。因此，它很可能对创新绩效产生"双刃剑效应"。

最后，本书仅考察了团队差序氛围的调节作用，其他团队情境因素值得进一步研究。如前文所述，团队信任可能与团队差序氛围相互作用，进而影响员工跨界行为与工作意义感之间的联系。此外，团队领导和团队任务不确定性（Liu et al.，2018）可能是两个可能的调节变量，值得在未来的研究中进一步检验。

参考文献

白静，王梦蕾．（2020）．授权型领导对创造力的影响：工作意义感视角．华东经济管理，34（7）：109-117.

宝贡敏，徐碧祥．（2006）．基于组织的自尊（OBSE）理论研究述评．重庆大学学报（社会科学版），12（5）：40-46.

曹霞，瞿皎姣．（2014）．资源保存理论溯源、主要内容探析及启示．中国人力资源开发，（15）：75-80.

陈介玄，高承恕．（1991）．台湾企业运作的社会秩序：人情关系与法律．东海学报，（32）：219-232.

陈龙，刘宝巍，张莉，等．（2018）．谦逊型领导对建言行为的影响——一个被调节的中介模型．科学学与科学技术管理，39（7）：117-132.

陈璐，王月梅．（2017）．促进型调节定向对研发人员跨边界行为的影响研究．管理科学，30（1）：107-118.

陈璐，杨百寅，井润田．（2015）．战略型领导与高管团队成员创造力：基于高科技企业的实证分析．管理评论，（3）：142-152，121.

陈佩，杨付，石伟．（2016）．公仆型领导：概念、测量、影响因素与实施效果．心理科学进展，24（1）：143-157.

陈云，杜鹏程．（2019）．组织领域跨界行为研究热点与前沿——

基于知识图谱的分析. *科技进步与对策*, 36 (9): 151 – 160.

陈艳虹, 张莉, 陈龙. (2017). 中国文化背景下谦逊型领导的结构和测量. *管理科学*, 30 (3): 14 – 22.

陈志霞, 典亚娇. (2018). 组织差序氛围: 概念、测量及作用机制. *外国经济与管理*, 40 (6): 86 – 98.

崔明明, 苏屹, 李丹. (2018). 跨界行为对员工任务绩效的影响——基于价值观的多元调节作用. *经济管理*, 40 (8): 72 – 88.

代同亮, 雷星晖, 苏涛永. (2019). 谦卑领导行为对团队绩效作用机制研究——中国传统价值观嵌入. *科学学与科学技术管理*, (2): 165 – 176.

邓志华, 肖小虹. (2018). 谦卑型领导对团队跨界行为的影响: 团队过程与团队氛围的不同作用. *预测*, 37 (4): 46 – 52.

邓志华, 张亚军. (2019). 社会认知视角下谦逊型领导对跨界行为的影响. *管理科学*, 32 (5): 37 – 47.

邓志华. (2018). 个体现代性背景下谦卑型领导对跨界行为的影响. *经济管理*, 40 (9): 123 – 137.

丁晓斌, 李志刚. (2016). 领导者情绪智力、团队宽容氛围对边界管理的影响——一个有中介的交互效应模型构建. *领导科学*, 10Z (29): 38 – 41.

杜鹏程, 刘晗. (2021). 个体跨界行为对员工创造性绩效的影响——一个有调节的中介模型. *太原理工大学学报（社会科学版）*, 39 (2): 66 – 75.

杜鹏程, 刘升阳. (2021). 促进型调节焦点对跨界行为的影响——基于工作重塑的视角. *华东经济管理*, 35 (3): 111 – 120.

杜鹏程,倪敏. (2020). 团队动机氛围对员工跨界行为的影响:团队社会资本的跨层次效应. 天津商业大学学报, 40 (6): 15-23.

杜跃平,王嘉彤. (2015). 知识型员工个人期望、人际氛围与创新绩效关系研究. 科技进步与对策, 32 (7): 144-149.

樊骅,刘益,韩冰. (2015). 角色压力与共享领导力对跨界员工创造力的作用研究. 软科学, 29 (12): 77-81.

费孝通. (1948). 乡土中国. 北京: 三联书店.

风笑天. (2011). 工作的意义:两代人的认同与变迁. 社会科学研究, (3): 83-90.

冯镜铭,刘善仕,吴坤津,等. (2014). 谦卑型领导研究探析. 外国经济与管理, 36 (3): 38-47.

冯镜铭,刘善仕,吴坤津. (2018). 谦卑型领导与下属建言:传统性的调节作用. 科研管理, 39 (8): 120-130.

奉小斌. (2012). 研发团队跨界行为对创新绩效的影响——任务复杂性的调节作用. 研究与发展管理, (3): 56-65.

高翔,罗家德,郑孟育. (2014). 企业内部圈子对组织承诺的影响. 经济与管理研究, (7): 115-122.

韩翼,魏文文. (2013). 员工工作繁荣研究述评与展望. 外国经济与管理, 35 (8): 46-53, 62.

韩翼,杨百寅,张鹏程. (2011). 组织承诺会导致创新:目标定向的调节作用. 科学学研究, 29 (1): 127-137.

蒿坡,龙立荣,贺伟. (2015). 共享型领导如何影响团队产出?信息交换、激情氛围与环境不确定性的作用. 心理学报, 47 (10): 1288-1299.

何奎, 刘文昌. (2020). 团队差序氛围对组织复原力的影响——基于情绪衰竭中介作用分析. 时代经贸, (3): 43-45.

何铮, 谭劲松, 陆园园. (2006). 组织环境与组织战略关系的文献综述及最新研究动态. 管理世界, (11): 144-151.

侯二秀, 陈树文, 长青. (2012). 知识员工心理资本对创新绩效的影响: 心理契约的中介. 科学学与科学技术管理, 33 (6): 149-155.

侯曼, 张珮云, 王倩楠. (2021). 领导授权赋能对员工创新绩效的影响——隐性知识共享与情绪智力的作用. 软科学, 35 (12): 113-118.

侯烜方, 刘蕴琦, 黄蓉, 等. (2021). 新生代员工工作价值观对越轨创新的影响机制: 标新立异还是阳奉阴违. 科技进步与对策, 38 (14): 143-150.

黄勇, 彭纪生. (2017). 资历过高感知与组织公民行为: 组织自尊和心理脱离的作用. 中国人力资源开发, (5): 69-78.

霍娜, 李超平. (2009). 工作价值观的研究进展与展望. 心理科学进展, 17 (4): 795-801.

蒋昀洁, 张绿漪, 黄庆, 等. (2017). 工作激情研究述评与展望. 外国经济与管理, 39 (8): 85-101.

蓝媛美, 李超平, 王佳燕, 等. (2022). 员工跨界行为的收益与代价: 元分析的证据. 心理学报, 54 (6): 665-683.

李露, 陈春花. (2016). 服务型领导对团队绩效的影响: 一个调节—中介模型的构建. 中国人力资源开发, (11): 40-47.

李鹏飞, 席酉民, 张晓军, 等. (2014). 管理中的不确定性: 一个整合性的多维概念体系. 管理学报, 11 (1): 1-7.

李锐, 田晓明. (2014). 主管威权领导与下属前瞻行为: 一个被中介的调节模型构建与检验. 心理学报, 46 (11): 1719-1733.

李胜兰, 王碧英, 高日光. (2016). 中国组织情境下谦卑型领导的概念及结构维度——基于追随者中心视角的质化研究探索. 当代财经, (11): 79-88.

刘惠琴, 张德. (2006). 团队层面的高校学科团队创新绩效模型研究. 科学学研究, 24 (3): 421-427.

刘军, 章凯, 仲理峰. (2009). 工作团队差序氛围的形成与影响: 基于追踪数据的实证分析. 管理世界, (8): 92-101, 188.

刘良灿, 赵龙英. (2019). 跨界行为研究现状与展望. 科技管理研究, 39 (17): 259-266.

刘善仕, 刘小浪, 陈放. (2015). 差序式人力资源管理实践: 基于广州Z公司的扎根研究. 管理学报, 12 (1): 11-19.

刘松博, 李育辉. (2014). 员工跨界行为的作用机制: 网络中心性和集体主义的作用. 心理学报, 46 (6): 852-863.

刘夏怡, 彭纪生. (2021). 尽责的领导会辱虐员工吗？环境不确定性和情绪耗竭的作用机制. 心理科学, 44 (5): 1164-1170.

刘小娟, 邓春平, 王国锋, 等. (2015). 基于角色重载与知识获取的IT员工跨边界活动对工作满意度的影响. 管理学报, 12 (9): 1402-1412.

刘贞妤. (2003). 差序气氛对部属工作态度与行为之影响. 硕士学位论文, 台北: 台湾东华大学.

陆岷峰, 陆顺, 汪祖刚. (2015). 互联网金融背景下商业银行

"跨界"战略研究——基于互联网金融在商业银行转型升级中的运用. 金融理论与教学, (3): 1-5.

陆欣欣, 涂乙冬. (2014). 基于组织的自尊的情境化与适用性. 心理科学进展, 22 (1): 130-138.

罗家德, 周超文, 郑孟育. (2013). 组织中的圈子分析——组织内部关系结构比较研究. 现代财经（天津财经大学学报）, (10): 4-16.

罗瑾琏, 花常花, 钟竞. (2015). 谦卑型领导对员工工作绩效和工作满意度的影响研究. 软科学, 29 (10): 78-82.

罗瑾琏, 赵莉, 钟竞. (2016). 双元领导对员工创新行为的影响机制研究. 预测, 35 (4): 1-7.

罗珉, 李亮宇. (2015). 互联网时代的商业模式创新: 价值创造视角. 中国工业经济, (1): 95-107.

罗胜强, 姜嬿. (2014). 管理学问卷调查研究方法. 重庆大学出版社.

罗忠恒, 林美珍. (2017). 授权型领导对员工服务导向行为的影响: 差序氛围的调节作用. 领导科学, (14): 19-22.

吕鸿江, 刘洪. (2011). 转型经济背景下的组织复杂性动因研究: 环境不确定性和战略导向的作用. 管理工程学报, 25 (1): 1-9.

马伟, 苏杭. (2020). 差序氛围感知对员工创新行为的影响. 科技进步与对策, 37 (21): 136-143.

买热巴·买买提, 李野, 王辉. (2017). 谦卑型和自恋型领导: 跨文化组织管理的视角. 心理科学进展, 25 (8): 1375-1386.

毛江华, 廖建桥, 韩翼, 等. (2017). 谦逊领导的影响机制和效应: 一个人际关系视角. 心理学报, 49 (9): 1219-1233.

潘孝富, 秦启文, 张永红, 等. (2012). 组织心理所有权、基于组织的自尊对积极组织行为的影响. 心理科学, 35 (3): 718 – 724.

彭坚, 邹艳春, 康勇军, 等. (2021). 参与型领导对员工幸福感的双重影响: 感知同事支持的调节作用. 心理科学, 44 (4): 873 – 880.

彭正龙, 赵红丹. (2011). 团队差序氛围对团队创新绩效的影响机制研究——知识转移的视角. 科学学研究, 29 (8): 1207 – 1215.

曲庆, 何志婵, 梅哲群. (2013). 谦卑领导行为对领导有效性和员工组织认同影响的实证研究. 中国软科学, (7): 101 – 109.

沙开庆, 杨忠. (2015). 国外团队创造力研究综述. 经济管理, 37 (7): 91 – 199.

尚玉钒, 马娇. (2011). "工作意义"的变迁研究. 管理学家 (学术版), (3): 59 – 67.

申慧慧, 于鹏, 吴联生. (2012). 国有股权、环境不确定性与投资效率. 经济研究, 47 (7): 113 – 126.

沈伊默, 周婉茹, 魏丽华, 等. (2017). 仁慈领导与员工创新行为: 内部人身份感知的中介作用和领导—部属交换关系差异化的调节作用. 心理学报, 49 (8): 1100 – 1112.

沈伊默, 诸彦含, 周婉茹, 等. (2019). 团队差序氛围如何影响团队成员的工作表现?——一个有调节的中介作用模型的构建与检验. 管理世界, 35 (12): 104 – 115, 136, 215.

史蒂芬·D. 哈丁, 弗兰斯·J. 希克斯普尔斯, 刘洁. (1996). 新的工作价值观: 理论与实践. 国际社会科学杂志 (中文版), (3): 71 – 89.

斯蒂芬·P. 罗宾斯．(1997)．管理学：第四版．中国人民大学出版社．

宋锟泰，刘升阳，刘晗，等．(2022)．发展型工作挑战会激发创新绩效吗？——基于系统特质激活理论的跨层次影响机制研究．*管理评论*，34（6）：226-242．

宋萌，胡鹤颜，王震．(2021)．收益还是代价？领导跨界行为对领导绩效的积极与消极影响．*管理评论*，33（4）：236-247．

宋萌，黄忠锦，胡鹤颜，等．(2018)．工作意义感的研究述评与未来展望．*中国人力资源开发*，35（9）：85-96．

宋萌，王震，孙健敏．(2015)．辱虐管理对下属反馈规避行为的影响：积极归因与工作意义的作用．*预测*，34（5）：22-29．

宋萌，王震，张华磊．(2017)．领导跨界行为影响团队创新的内在机制和边界条件：知识管理的视角．*管理评论*，29（3）：126-135．

孙继伟，林强．差序氛围感知如何影响员工知识破坏行为：一个被调节的双中介模型．*科技进步与对策*，online．

孙健敏，王碧英．(2010)．公仆型领导：概念的界定与量表的修订．*商业经济与管理*，(5)：24-30．

孙永磊，宋晶，陈劲．(2016)．差异化变革型领导、心理授权与组织创造力．*科学学与科学技术管理*，37（4）：137-146．

汤普森·詹姆斯．(2007)．敬乂嘉，译．行动中的组织——行政理念的社会科学基础．上海人民出版社．

唐春勇，黄杰．(2022)．员工情绪智力影响领导不文明行为——差序氛围的调节效应．*软科学*，36（2）：110-115．

唐国华，章雨晨．(2013)．企业环境不确定性的维度结构探析．*管理观察，（20）：41-43.

唐国华．（2010）．不确定环境下企业开放式技术创新战略研究．博士学位论文，武汉：武汉大学．

唐汉瑛，龙立荣，周如意．（2015）．谦卑领导行为与下属工作投入：有中介的调节模型．*管理科学*，28（3）：77-89.

唐泳，赵光洲．（2010）．对管理中不确定性的研究评述．*2010年工程和商业管理国际会议论文集*：3955-3959.

唐于红，赵琛徽，毛江华，等．（2021）．地位竞争视角下员工主动性行为与创新绩效的关系研究．*科研管理*，42（3）：191-200.

田喜洲，郭小东，许浩．（2020）．工作重塑研究的新动向——基于调节定向的视角．*心理科学进展*，28（8）：1367-1378.

田喜洲，左晓燕，彭小平．（2017）．工作意味着什么——工作意义概念、影响与研究框架．*心理研究*，10（2）：56-66.

田在兰，黄培伦．（2013）．差序式领导理论的发展脉络及与其他领导行为的对比研究．*科学学与科学技术管理*，34（4）：150-157.

涂乙冬，陆欣欣，郭玮，等．（2014）．道德型领导者得到了什么？道德型领导、团队平均领导？部属交换及领导者收益．*心理学报*，46（9）：1378-1391.

汪海霞，王娜娜．（2021）．员工优势使用如何影响创新行为——组织自尊与积极情绪的链式中介作用．*科技进步与对策*，38（17）：125-133.

汪洪艳，陈志霞．（2018）．绩效考核政治对员工组织公民行为的影响——差序氛围的调节作用．*经济经纬*，35（1）：92-99.

汪曲，李燕萍．（2017）．团队内关系格局能影响员工沉默行为吗：

基于社会认知理论的解释框架. 管理工程学报, 31 (4): 34-44.

王碧英, 高日光. (2014). 中国组织情境下公仆型领导有效性的追踪研究. 心理科学进展, 22 (10): 1532-1542.

王端旭, 郑显伟. (2014). 伦理型领导对员工被同事攻击的影响: 工作意义和关系冲突的中介作用. 华东经济管理, 28 (10): 1-4, 178.

王宏蕾, 尹奎. (2021). 谦逊型领导与组织公民行为: 竞争氛围的调节作用. 管理科学, 34 (3): 53-62.

王丽平, 陈晴晴. (2016). 跨界合作行为、外部创新搜寻对创新绩效的影响——战略柔性的调节作用. 科技进步与对策, 33 (19): 21-26.

王宁, 杨芮, 周密, 等. (2021). 差序格局视角下个体反馈寻求行为对创新绩效的影响研究. 软科学, 35 (8): 69-75.

王三银, 刘洪, 刘润刚. (2017). 工作边界强度对员工情绪耗竭的影响研究: 角色压力的中介作用. 浙江工商大学学报, (2): 79-89.

王特. (2020). 基于fsQCA的企业创新型员工跨界行为驱动机理研究. 硕士学位论文, 吉林: 吉林大学.

王文婷, 菅利荣, 郭秋云. (2019). 前摄型人格、工作形塑与员工创新绩效——基于冗余资源的调节作用. 技术经济, 38 (12): 16-23.

王仙雅, 林盛, 陈立芸, 等. (2014). 组织氛围、隐性知识共享行为与员工创新绩效关系的实证研究. 软科学, 28 (5): 43-47.

王先辉, 段锦云, 田晓明, 等. (2010). 员工创造性: 概念、形成机制及总结展望. 心理科学进展, 18 (5): 760-768.

王啸天, 陈文平, 段锦云. (2019). 中国背景下员工的面子观及其对建言和沉默行为的影响. 心理研究, 12 (3): 233-244, 251.

王永伟, 韩亚峰. (2019). 环境不确定情境下组织惯例更新的前因与后果. 科研管理, 40 (10): 268-277.

王玉峰, 赵雯越, 王树进. (2022). 差序氛围感知对员工创新绩效的影响研究——个体学习和隐性知识共享的作用. 科技管理研究, 42 (5): 121-128.

王玉荣, 杨震宁, 李军. (2011). 竞争环境和技术战略对制造业创新绩效的影响. 科研管理, 32 (7): 25-33, 44.

王忠, 熊立国, 郭欢. (2014). 知识员工创造力人格、工作特征与个人创新绩效. 商业研究, (5): 108-114.

魏峰, 袁欣, 邱杨. (2009). 交易型领导、团队授权氛围和心理授权影响下属创新绩效的跨层次研究. 管理世界, (4): 135-142.

魏华飞, 古继宝, 张淑林. (2020). 授权型领导影响知识型员工创新的信任机制. 科研管理, 41 (4): 103-111.

温忠麟, 叶宝娟. (2014). 中介效应分析: 方法和模型发展. 心理科学进展, (5): 5-19.

温忠麟, 张雷, 侯杰泰, 等. (2004). 中介效应检验程序及其应用. 心理学报, 36 (5): 614-620.

吴坤津, 冯镜铭, 刘善仕. (2018). 年功导向人力资源实践与保持沉默静待好处: 年龄的调节作用. 中国人力资源开发, 35 (4): 21-30.

吴士画, 顾建平. (2021). 企业家灵性资本对组织韧性的影响——基于组织学习视角. 财会月刊, (21): 107-114.

武立东, 王凯, 黄海昕. (2012). 组织外部环境不确定性的研究述评. 管理学报, 9 (11): 1712-1717.

席酉民．(2001)．企业外部环境分析．北京：高等教育出版社．

谢宝国，龙立荣．(2008)．职业生涯高原对员工工作满意度、组织承诺、离职意愿的影响．心理学报，40（8）：927-938.

谢江佩，朱玥，施荣荣，等．(2020)．管理开放性与员工建言：基于组织的自尊与亲社会动机的作用．浙江社会科学，(3)：80-87，159.

谢玉华，刘晶晶，谢华青．(2020)．内外部企业社会责任对员工工作意义感的影响机制和差异效应研究．管理学报，17（9）：1336-1346.

辛本禄，代佳琳．(2021)．员工跨界行为、知识共享与制造企业服务创新——基于知识基的调节作用．经济与管理评论，37（4）：85-96.

胥彦，李超平．(2019)．领导风格与敬业度关系的元分析．心理科学进展，27（8）：1363-1383.

徐小凤，高日光．(2016)．谦卑型领导的前因与结果：人格与组织政治知觉的作用．中国人力资源开发，(13)：22-27.

许惠龙，梁钧平．(2007)．探析组织内的"圈子"现象．中国人力资源开发，(12)：36-39.

许颖．(2015)．差序氛围、组织支持感知与隐性知识共享之关系探讨．科技管理研究，35（9）：133-139.

薛会娟．(2010)．国外团队跨界行为研究回顾与展望．外国经济与管理，32（9）：10-15.

阎云翔．(2006)．差序格局与中国文化的等级观．社会学研究，(4)：201-213，245-246.

阳毅，万杨，王璇．(2022)．差别对待与人才工作幸福感：组织自尊和绩效压力感的中介及年龄差异．中国临床心理学杂志，(5)：

1068-1073.

杨陈, 杨付, 景熠, 唐明凤. (2018). 谦卑型领导如何改善员工绩效: 心理需求满足的中介作用和工作单位结构的调节作用. *南开管理评论*, 21(2): 121-134, 171.

杨国枢. (1993). *中国人的社会取向: 社会互动的观点*. 台北: 桂冠图书公司.

杨国枢. (2005). 中国人的社会取向: 社会互动的观点. *中国社会心理学评论*, (1): 21-54.

杨红, 彭灿, 杜刚, 等. (2021). 双元领导风格、团队差序氛围与研发团队创造力. *科学学研究*, 39(7): 1248-1256.

杨智, 邓炼金, 方二. (2010). 市场导向、战略柔性与企业绩效: 环境不确定性的调节效应. *中国软科学*, (9): 130-139.

杨卓尔, 高山行, 曾楠. (2016). 战略柔性对探索性创新与应用性创新的影响——环境不确定性的调节作用. *科研管理*, 37(1): 1-10.

姚亚男, 韦福祥, 李理. (2017). 情境因素对跨界行为影响机制的研究——基于美特斯邦威服装门店一线员工的实证分析. *天津师范大学学报(自然科学版)*, 37(3): 70-80.

姚艳虹, 范盈盈. (2014). 个体—组织匹配对创新行为的影响——中庸思维与差序氛围的调节效应. *华东经济管理*, 28(11): 123-127.

姚艳虹, 衡元元. (2013). 知识员工创新绩效的结构及测度研究. *管理学报*, 10(1): 97-102.

易凌峰, 刘思婷, 宋婕, 等. (2021). 员工文化价值取向、跨文化互动能力与创新绩效——基于上海跨国研发企业的实证. *华东师范大学学报（哲学社会科学版），53（1）：155-168，174.

于伟，张鹏．(2016)．组织差序氛围对员工漠视行为的影响：职场排斥和组织自尊的作用．*中央财经大学学报*，(10)：122-128.

袁庆宏，张华磊，王震，等．(2015)．研发团队跨界活动对团队创新绩效的"双刃剑"效应——团队反思的中介作用和授权领导的调节作用．*南开管理评论*，18（3）：13-23.

韵江，宁鑫，暴莹．(2021)．CEO过度自信与战略变革——基于"韧性效应"和"创造效应"的研究．*南开管理评论，online*．

臧维，赵联东，徐磊，等．(2019)．团队跨界行为、知识整合能力与团队创造力．*管理学报*，16（7）：1063-1071.

曾琦，刘昕．(2022)．差序氛围背景下员工采取逢迎策略的作用机制——一个被调节的链式中介模型．*经济与管理研究*，43（6）：129-144.

张柏楠，徐世勇，王继新．(2020)．矛盾思维对创新绩效的影响：员工跨界行为与关系冲突的作用．*科技进步与对策*，37（1）：83-91.

张大力，葛玉辉．(2016)．高管团队跨界行为与企业创新绩效关系：基于团队学习的视角．*系统管理学报*，(2)：235-245.

张虹．(2014)．理性消费视角下时尚品牌跨界合作研究．*学术探索*，(8)：50-54.

张光磊，范铭钰，陈丝璐，等．(2020)．中国情境下的肮脏工作：类型拓展与抑制模型建构．*中国人力资源开发*，7（12）：99-110.

张华磊，袁庆宏，王震，等．(2014)．核心自我评价、领导风格对研发人员跨界行为的影响研究．*管理学报*，11（8）：1168-1176.

张辉，白长虹，陈晔．(2012)．饭店员工心理所有权与跨界行为关系研究. 旅游学刊, 27 (4): 82-90.

张建卫, 滑卫军, 周愉凡, 等. (2021). 研发人员跨界行为何以影响其创造力？——基于知识共享和领导积极反馈的整合视角. 预测, 40 (5): 9-16.

张建卫, 刘玉新. (2011). 工作家庭冲突与退缩行为：家庭友好实践与工作意义的调节作用. 预测, 30 (1): 1-9.

张兰霞, 刘晓娜, 钱金花, 等. (2021). 员工被妒忌感知对创新绩效的双重作用机制研究. 东北大学学报（自然科学版）, 42 (9): 1341-1348.

张兰霞, 张靓婷, 朱坦. (2019). 领导—员工认知风格匹配对员工创造力与创新绩效的影响. 南开管理评论, 22 (2): 165-175.

张黎明. (2008). 转轨时期中国企业战略导向选择实证研究. 博士学位论文, 成都：四川大学.

张庆红, 孙雨晴, 李朋波. (2018). 中国情境下家长式领导风格对团队成员差序氛围感知的影响. 中国人力资源开发, 35 (7): 69-80.

张亚军, 张金隆, 张军伟, 等. (2017). 谦卑型领导与员工抑制性建言的关系研究. 管理评论, 29 (5): 110-119.

张尧, 庞学升, 陈岩. (2019). 魅力型领导对新生代员工创新绩效的影响. 技术经济, 38 (11): 33-39.

张颖, 顾远东, 高杰. (2020). 服务化与产品创新：环境不确定性的调节效应. 科研管理, 41 (4): 140-150.

张振刚, 付斯洋, 余传鹏. (2018). 个体知识吸收能力对员工创新绩效的影响. 中国人力资源开发, 35 (3): 73-83.

张征. (2021). 谦逊型领导对员工跨界行为的影响：基于组织的

自尊和环境不确定性的作用. 管理评论, 33 (3): 202-212.

张征, 闫春. (2020). 团队学习氛围对员工积极情绪和创新绩效的跨层次影响: 集体主义导向的调节作用. 预测, 39 (2): 27-33.

赵红丹, 彭正龙. (2013). 服务型领导与团队绩效: 基于社会交换视角的解释. 系统工程理论与实践, 33 (10): 2524-2532.

赵锡斌. (2007). 企业环境分析与调适理论与方法. 中国社会科学出版社.

赵修文, 谢婷, 刘雪梅, 等. (2021). 工作价值观对员工跨界行为的影响机制: 调节焦点与内部动机的作用. 中国人力资源开发, 38 (7): 60-74.

郑伯埙. (1995). 差序格局与华人组织行为. 本土心理学研究, (3): 142-219.

郑晓明, 卢舒野. (2013). 工作旺盛感: 关注员工的健康与成长. 心理科学进展, 21 (7): 1283-1293.

仲理峰, 孟杰, 高蕾. (2015). 道德领导对员工创新绩效的影响: 社会交换的中介作用和权力距离取向的调节作用. 管理世界, 35 (5): 149-160.

周文霞, 孙健敏. (2010). 中国情境下职业成功观的内容与结构. 中国人民大学学报, 17 (3): 124-133.

朱金强, 徐世勇, 周金毅, 等. (2020). 跨界行为对创造力影响的跨层次双刃剑效应. 心理学报, 52 (11): 1340-1351.

朱少英, 齐二石, 徐渝. (2008). 变革型领导、团队氛围、知识共享与团队创新绩效的关系. 软科学, (11): 1-4, 9.

朱少英, 齐二石. (2008). 团队领导者行为与知识共享绩效关系的实证研究. 现代管理科学, (8): 14-16.

朱瑜, 钱姝婷. (2014). 包容型领导研究前沿探析与未来展望. 外国经济与管理, 36 (2): 55-64+80.

朱瑜, 谢斌斌. (2018). 差序氛围感知与沉默行为的关系: 情感承诺的中介作用与个体传统性的调节作用. 心理学报, 50 (5): 539-548.

朱征, 陈星汶, 刘军, 等. (2022). 领导感激表达对员工离职意愿的影响研究——基于"自我"和"关系"的视角. 南开管理评论, 25 (2): 80-89, 123.

Acs Z. J. & Audretsch D. B. (1989). Patents as a measure of innovative activity. *Kyklos*, 42 (2): 171-180.

Ahearne M., Mathieu J. & Rapp A. (2005). To empower or not to empower your sales force? An empirical examination of the influence of leadership empowerment behavior on customer satisfaction and performance. *Applied Psychology*, 90 (5): 945-955.

Akgunduz Y., Alkan, C. & Gök Ö. A. (2018). Perceived organizational support, employee creativity and proactive personality: The mediating effect of meaning of work. *Journal of Hospitality and Tourism Management*, 34: 105-114.

Albuquerque I. F., Cunha R. C., Martins L. D. & Sa A. B. (2014). Primary health care services: Workplace spirituality and organizational performance. *Journal of Organizational Change Management*, 27 (1): 59-82.

Aldrich H. & Herker D. (1977). Boundary spanning roles and organization structure. *Academy of Management Review*, 2 (2): 217-230.

Allan B. A., Batz-Barbarich C., Sterling H. M. & Tay L. (2019). Outcomes of meaningful work: A meta-analysis. *Journal of Management Studies*, 56 (3): 500-528.

Amabile T. M. (1988). Amodel of creativity and innovation in organizations. *Organizational Behavior*, 10 (10): 23-167.

Amabile T. M. (1988). From individual creativity to organizational innovation// K. Gronhaug & G. Kaufmann (Eds.). *Innovation: A cross-disciplinary perspective*. Norwegian University Press: 139-166.

Amabile T. M. &Barsade S. G. (2005). Affect and creativity at work. *Administrative Science Quarterly*, 50 (3): 367-403.

Amabile T. M., Conti R. & Coon H. (1996). Assessing the work environment for creativity. *Academy of Management Journal*, 39 (5): 1154-1184.

Ancona D. G. & Bresman H. (2007). *X-teams: How to build teams that lead, innovate and succeed.* Boston, MA: Harvard Business School Press.

Ancona D. G. & Caldwell D. (1990). Beyond boundary spanning: Managing external dependence in product development teams. *Journal of High Technology Management Research*, 1 (2): 119-135.

Ancona D. G. & Caldwell D. F. (1992). Bridging the boundary: External activity and performance in organizational teams. *Administrative Science Quarterly*, 37 (4): 634-665.

Anderson N. R. (2004). The routinization of innovation research: A constructively critical review of the state-of-the-science. *Journal of Or-*

ganizational Behavior, 25 (2): 147-173.

Argandona A. (2015). Humility in management. *Journal of Business Ethics*, 132 (1): 63-71.

Arnold K. A., Turner N., Barling J., Kelloway E. K. & Mckee M. C. (2007). Transformational leadership and psychological well-being: The mediating role of meaningful work. *Journal of Occupational Health Psychology*, 12 (3): 193-203.

Ashmos D. P & Duchon D. (2000). Spirituality at work: A conceptualization and measurement. *Management Inquiry*, 9 (2): 134-145.

Au K. Y., & Fukuda J. (2002). Boundary spanning behaviors of expatriates. *Journal of World Business*, 37 (4): 285-296.

Avey J. B., Luthans F., Hannah S. T., Sweetman D. & Peterson C. (2012). Impact of employees' character strengths of wisdom on stress and creative performance. *Human Resource Management Journal*, 22 (2): 165-181.

Bailey C. & Madden A. (2016). What makes work meaningful or meaningless?. *MIT Sloan Management Review*, 57 (1): 53-61.

Bailey C., Yeoman R., Madden A., Thompson M. & Kerridge G. (2019). A review of the empirical literature on meaningful work: Progress and research agenda. *Human Resource Development Review*, 18 (1): 83-113.

Bandura A. (1977). Self-efficacy: Toward a unifying theory of behavioral change. *Psychological Review*, 84 (2): 191-215.

Bakker A. B. & Demerouti E. (2008). Towards a model of work engagement. *Career Development International*, 13 (3): 209 -223.

Bandura A. (1986). *Social foundations of thought and action: A social cognitive Theory*. Englewood Cliffs, New Jersey: Prentice - Hall.

Barbier M., Hansez I., Chmiel N. & Demerouti E. (2013). Performance expectations, personal resources and job resources: How do they predict work engagement? *European Journal of Work and Organizational Psychology*, 22 (6): 750 -762.

Baron R. M. & Kenny D. A. (1986). The moderator - mediator variable distinction in social psychological research: Conceptual, strategic, and statistical considerations. *Journal of personality and social psychology*, 51 (6): 1173.

Barrick M. R., Thurgood G. R., Smith T. A. et al.. (2015). Collective organizational engagement: linking motivational antecedents, strategic implementation, and firm performance. *Academy of Management Journal*, 58: 111 -135.

Bell S. T., Villado A. J., Lukasik M. A., Belau L. & Briggs A. L. (2011). Getting specific about demographic diversity variable and team performance relationships: A meta - analysis. *Journal of Management*, 37 (3): 709 -743.

Bellah R. N., Madsen R., Sullivan W. M., Swidler A. & Tipton S. M. (1985). *Habits of the Heart*. Berkeley: University of California Press.

Berard V. (1938). Causality in current philosophy: Critical intuitive realism. *Proceedings of the American Catholic Philosophical Association*, 14: 125 -138.

Berg J. M., Grant A. M & Johnson V. (2010). Your callings are calling: Crafting work and leisure in pursuit of unanswered occupational callings. *Organization Science*, 21 (6): 973 – 994.

Bettencourt L. A. & Brown, S. W. (2003). Role stressors and customer – oriented boundary – spanning behaviors in service organizations. *Journal of the Academy of Marketing Science*, 31 (4): 394 – 408.

Blau J. R. & McKinley W. (1999). Ideas, complexity and innovation. *Administrative Science Quarterly*, 24 (1): 200 – 219.

Blau P. (1964). *Exchange and power in social life*. New York: Wiley.

Bledow R., Frese M., Anderson N., Erez M. & Farr J. (2009). A dialectic perspective on innovation: Conflicting demands, multiple pathways, and ambidexterity. *Industrial and Organizational Psychology*, 2 (3): 305 – 337.

Boeker W. & Goodstein J. (1991). Organizational performance and adaption: Effects of environment and performance on changes in board composition. *Academy of Management Journal*, 4 (4): 805 – 826.

Bonner J. M., Greenbaum R. L. & Mayer D. M. (2016). My boss is morally disengaged: The role of ethical leadership in explaining the interactive effect of supervisor and employee moral disengagement on employee behaviors. *Journal of Business Ethics*, 137 (4): 731 – 742.

Boulding K. E. (1956). *The Image: knowledge in life and society*. The University of Michigan Press.

Bowling N. A., Eschleman K. J., Wang Q., Kirkendall C. & Alarcon G. (2010). A meta – analysis of the predictors and consequences of organization – based self – esteem. *Journal of Occupational and Organizational Psychology*, 83 (3): 601 – 626.

Brislin R. W. (1970). Back – translation for cross – cultural research. *Journal of Cross – cultural Psychology*, 1 (3): 185 – 216.

Brown M. E., Trevino L. K. & Harrison D. A. (2005). Ethical leadership: A social learning perspective for construct development and testing. *Organizational behavior and human decision processes*, 97 (2): 117 – 134.

Buchwald P. (2010). The anxiety and performance in the framework of the conservation of resources theory. *Cognitie Creier Comportament/ Cognition Brain Behavior*, 14 (4): 283 – 293.

Bunderson. J S. & Thompson J. A. (2009). The call of the wild: Zookeepers, callings and the double edged sword of deeply meaningful work. *Administrative Science Quarterly*, 12 (54): 32 – 57.

Burgess G. H. (1989). *Industrial organization.* New Jersey: Prentice – Hall.

Carmeli A., Reiter – Palmon R. & Ziv E. (2010). Inclusive leadership and employee involvement in creative tasks in the workplace: The mediating role of psychological safety", *Creativity Research Journal*, 22 (3): 250 – 260.

Cartwright S. & Holmes N. (2006). The meaning of work: the challenge of regaining employee engagement and reducing cynicism – science direct. *Human Resource Management Review*, 16 (2): 199 – 208.

Cascio W. F. (2003). Changes in workers, work and organizations//

W. C. Borman, D. R. Ilgen & R. J. Klimoski (Eds.). *Handbook of psychology: Industrial and organizational psychology*, (12): 401 – 422. John Wiley & Sons Inc.

Castrogiovanni G. J. (1991). Environmental munificence: A theoretical assessment. *Academy of Management Review*, 16 (3): 542 – 565.

Çekmecelioğlu H. G. & Günsel A. (2011). Promoting creativity among employees of mature industries: The effects of autonomy and role stress on creative behaviors and job performance. *Procedia – Social and Behavioral Sciences*, 24 (3): 889 – 895.

Chalofsky N. (2003). An emerging construct for meaningful work. *Human Resource Development International*, 6 (1): 69 – 83.

Chan S. C. H., Huang X., Snape E. & Lam C. K. (2013). The Janus face of paternalistic leaders: Authoritarianism, benevolence, subordinates' organization – based self – esteem and performance. *Journal of Organizational Behavior*, 34 (1): 108 – 128.

Chen G., Farh J., Campbell – Bush E. M., Wu Z. & Wu X. (2013). Teams as innovative systems: Multilevel motivational antecedents of innovation in R&D teams. *The Journal of Applied Psychology*, 98 (6): 1018 – 1027.

Chen G., Goddard T. G. & Casper W. J. (2004). Examination of the relationships among general and work – specific self – evaluations, work – related control beliefs and job attitudes. *Applied Psychology*, 53 (3): 349 – 370.

Chen X. P., Eberly M. B., Chiang T. J., Farh J. L. & Cheng B. S.

(2011). Affective trust in Chinese leaders: Linking paternalistic leadership to employee performance. *Journal of Management*, 40 (3): 796 – 819.

Chen X. P., Eberly M., Chiang T. J., Farh J. L. & Cheng B. S. (2014). Affective trust in Chinese leaders: Linking paternalistic leadership to employee performance. *Journal of Management*, 40 (3): 796 – 819.

Chen Z. X., Tsui A. S. & Farh J. L. (2002). Loyalty to supervisor vs. Organizational commitment: Relationships to employee performance in China. *Journal of Occupational & Organizational Psychology*, 75 (3): 339 – 356.

Child J. (1972). Organizational structure, environment and performance: The role of strategic choice. *Sociology*, 6 (1): 1 – 22.

Chiu, Chia – Yen, (Chad), Owens, Bradley, & P., et al.. (2016). Initiating and utilizing shared leadership in teams: The role of leader humility, team proactive personality, and team performance capability. *Journal of Applied Psychology*, 101 (12): 1705 – 1720.

Choi J. N. (2002). External activities and team effectiveness. *Small Group Research*, 33 (2): 181 – 208.

Christensen C., Craig T. & Hart S. (2001). The great disruption. *Foreign Affairs*, 80 (2): 80 – 95.

Clausen T. & Borg V. (2011). Job demands, job resources and meaning at work. *Journal of Managerial Psychology*, 26 (8): 665 – 681.

Cohen S. G. & Bailey D. E. (1997). What makes teams work: Group effectiveness research from the shop floor to the executive suite. *Journal of Management*, 23 (3): 239 – 290.

Cohen‐Meitar R., Carmeli A. & Waldman D. A. (2009). Linking meaningfulness in the workplace to employee creativity: The intervening role of organizational identification and positive psychological experiences. *Creativity Research Journal*, 21 (4): 361–375.

Cohen W. M. & Levinthal D. A. (1990). Absorptive capacity: A new perspective on learning and innovation. *Administrative Science Quarterly*, 35 (1): 128–152.

Colbert A. E., Judge T. A., Choi D. & Gang W. (2012). Assessing the trait theory of leadership using self and observer ratings of personality: The mediating role of contributions to group success. *Leadership Quarterly*, 23 (4): 670–685.

Collins J. (2001). Level 5 leadership: The triumph of humility and fierce resolve. *Harvard Business Review*, 79 (1): 67–77.

De Regge M., Van Baelen F., Aerens S., Deweer T. & Trybou J. (2020). The boundary‐spanning behavior of nurses: The role of support and affective organizational commitment. *Health Care Management Review*, 45 (2): 130–140.

Dennis R. S. & Bocarnea M. (2005). Development of the servant leadership assessment instrument. *Leadership & Organization Development Journal*, 26 (8): 600–615.

De Hoogh. A. & Den Dartag. D. (2008). Ethical and despotic leadership, relationships with leader's social responsibility, top management team effectiveness and subordinates' optimism: A multi‐method study. *The Leadership Quarterly*, 19 (3): 297–311.

Dess G. D. & Bead D. W. (1984). Dimensions of organizational task environments. *Administrative Science Quarterly*, 29 (1): 52 - 73.

Dik B. & Duffy R. (2009). Calling and vocation at work: Definitions and prospects for research and practice. *The Counseling Psychologist*, 37: 424 - 450.

Dill W. (1958). Environment as influence on management autonomy. *Administrative Science Quarterly*, 2 (4): 409 - 443.

Dobrow S. R. & Tosti - Kharas J. (2011). Calling: The development of a scale measure. *Personnel Psychology*, 64 (4): 1001 - 1049.

Doll W. J. & Vonderembse M. A. (1991). The evolution of manufacturing systems: Towards the post - industrial enterprise. *Omega*, 19 (5): 401 - 411.

Dose J. J. (1997). Work values: An integrative framework and illustrative application to organizational socialization. *Journal of Occupational and Organizational Psychology*, 70: 219 - 240

Druskat V. U. & Wheeler J. V. (2003). Managing from the boundary: The effective leadership of self - managing work teams. *Academy of Management Journal*, 46 (4): 435 - 457.

Duffy M. K. & Shaw J. D. (2000). The Salieri syndrome: Consequences of envy in groups. *Small Group Research*, 31 (1): 3 - 23.

Duffy R. D., Bott E. M., Allan B. A., Torrey C. S. & Dik B. J. (2012). Perceiving a calling, living a calling and job satisfaction: Testing a moderated, multiple mediator model. *Counseling Psychology*, 59 (1): 50 - 59.

Duncan R. B. (1972). The characteristics of organizational environments and perceived environmental uncertainty. *Administrative Science Quarterly*, 17 (3): 313 – 327.

Dutton J. E., Worline M., Frost P., et al.. (2006). Explaining compassion organizing. *Administrative Science Quarterly*, 51 (1): 59 – 96.

Dyne L. V. & Pierce J. L. (2004). Psychological ownership and feelings of possession: Three field studies predicting employee attitudes and organizational citizenship behavior. *Journal of Organizational Behavior*, 25 (4): 439 – 459.

Edmondson A. (1999). Psychological safety and learning behavior in work teams. *Administrative Science Quarterly*, 44 (2): 350 – 383.

Elangovan A. R., Pinder C. C. & McLean M. (2010). Callings and organizational behavior. *Journal of Vocational Behavior*, 76 (3): 428 – 440.

Engelken M., Picot A., Welpe I. M., Roemer B. & Drescher M. (2016). Comparing drivers, barriers and opportunities of business models for renewable energies: A review. *Renewable and Sustainable Energy Reviews*, 60: 795 – 809.

Exline J. J. (2008). Taming the wild ego: The challenge of humility//H. A. Wayment & J. J. Bauer (Eds.). *Transcending self – interest: Psychological explorations of the quiet ego*: 53 – 62. American Psychological Association.

Exline J. J. & Geyer A. L. (2004). Perceptions of humility: A preliminary study. *Self and Identity*, 3 (2): 95 – 114.

Fairlie P. (2011). Meaningful work, employee engagement and other key employee outcomes: Implications for human resource development. *Advances in Developing Human Resources*, 13 (4): 504 – 521.

Faraj S. & Yan A. (2009). Boundary work in knowledge teams. *Journal of Applied Psychology*, 94 (3): 604 – 617.

Farh J. L., Lee C. & Farh C. I. C. (2010). Task conflict and team creativity: A question of how much and when. *Journal of Applied Psychology*, 95 (6): 1173 – 1180.

Ferris D. L., Brown D. J. & Heller D. (2009). Organizational supports and organizational deviance: The mediating role of organization – based self – esteem. *Organizational Behavior and Human Decision Processes*, 108 (2): 279 – 286.

Festinger L. (1957). *A theory of Cognitive Dissonance*. Evanston, IL: Row, Peterson & Co.

Fredrickson B. L. (2013). Positive emotions broaden and build. *Advances in Experimental Social Psychology*, 47: 1 – 53.

Fry L. W. (2003). Toward a theory of spiritual leadership. *Leadership Quarterly*, 14 (6): 693 – 727.

Gardner D. G. & Pierce J. L. (1998). Self – esteem and self – efficacy within the organizational context. *Group & Organization Management*, 23 (1): 48 – 70.

Gardner D. G. & Pierce J. L. (2016). Organization – based self – esteem in work teams. *Group Processes & Intergroup Relations*, 19 (3): 394 – 408.

Ghorbani, N. & Watson P. J. (2005). Hardiness scales in Iranian managers: Evidence of incremental validity in relationships with the five-factor model and with organizational and psychological adjustment. *Psychological Reports*, 96 (3): 775-781.

Gibson, C. B. & Dibble R. (2013). Excess may do harm: Investigating the effect of team external environment on external activities in teams. *Organization Science*, 24 (3): 697-715.

Gittell J. H. (2002). Coordinating mechanisms in care provider groups: Relational coordination as a mediator and input uncertainty as a moderator of performance effects. *Management Science*, 48 (11): 1408-1426.

Grant A. M. (2007). Relational job design and the motivation to make a prosocial difference. *Academy of Management Review*, 32 (2): 393-417.

Greer T. W. & Greer T. W. (2013). *Humility isn't just Personal Anymore*: *Testing Group - Level Humility in The Organizatiom (Umpuhlished doctorial dissertation)*. Regemt University.

Gumusluoglu L. & Ilsev A. (2009). Transformational leadership, creativity and organizational innovation. *Journal of Business Research*, 62 (4): 461-473.

Hackman J., Richard. & Oldham G. R. (1976). Motivation through the design of work: test of a theory. *Organizational Behavior and Human Performance*, 16 (2): 250-279.

Hagmaie, T. & Abele A. E. (2012). The multidimensionality of calling: Conceptualization, measurement and a bicultural perspective. *Journal of Vocational Behavior*, 81 (1): 39-51.

Halbesleben J., Neveu J. P., Paustian-Underdahl S. C. & Westman

M. (2014). Getting to the "COR": Understanding the role of resources in conservation of resources theory. *Journal of Management*, 40 (5): 1334 - 1364.

Hargadon A. B. (1998). Firms as knowledge brokers: Lessons in pursuing continuous innovation. *California management review*, 40 (3): 209 - 227.

Harrison D. A., Mclaughlin M. E. &Coalter T. M. (1996). Context, cognition and common method variance: Psychometric and verbal protocol evidence. *Organizational Behavior & Human Decision Processes*, 68 (3): 246 - 261.

Harrison S. H. &Dossingger K. (2017). Pliable guidance: A multilevel model of curiosity, feedback seeking and feedback giving in creative work. *Academy of Management Journal*, 60 (6): 2051 - 2072.

Hayes A. F. (2013). *Introduction to mediation, moderation, and conditional process analysis*. New York: The Guilford Press.

Hayes A. F. (2015). An index and test of linear moderated mediation. *Multivariate Behavioral Research*, 50 (1): 1 - 22.

Hitt M. A., Hoskisson R. E. & Kim H. (1997). International diversification: Effects on innovation and firm performance in product - diversified firms. *Academy of Management Journal*, 40 (4): 767 - 798.

Hitt M. A., Hoskisson R. E., Johnson R. A. & Moesel D. D. (1996). The market for corporate control and firm innovation. *Academy of Management Journal*, 39 (5): 1084 - 1119.

Hobfoll S. E. (1989). Conservation of resources: A new attempt at conceptualizing stress. *American Psychologist*, 44（3）：513 – 524.

Hobfoll S. E. （2011）. Conservation of resource caravans and engaged settings. *Journal of Occupational & Organizational Psychology*, 84（1）：116 – 122.

Hobfoll S. E. （2012）. Conservation of resources and disaster in cultural context：The caravans and passageways for resources. *Psychiatry*, 75（3）：227 – 232.

Hodari D., Waldthausen V. & Sturman M. （2014）. Outsourcing and role stress：An empirical study of hotel spa managers. *International Journal of Hospitality Management*, 37（1）：190 – 199.

Hoegl M. （2005）. Smaller teams – better teamwork：How to keep project teams small. *Business Horizons*, 48（3）：209 – 214.

Hoogervorst J. （2017）. The imperative for employee – centric organizing and its significance for enterprise engineering. *Organizational Design & Enterprise Engineering*, 1（1）：1 – 16.

Hulsheger U. R., Anderson N., & Salgado J. F. （2009）. Team – level predictors of innovation at work：A comprehensive meta – analysis spanning three decades of research. *Journal of Applied Psychology*, 94（5）：1128 – 1145.

Hunter I., Dik B. J. & Banning J. H. （2010）. College students' perceptions of calling in work and life：A qualitative analysis. *Journal of Vocational Behavior*, 76：178 – 186.

Hwang K. K. （1987）. Face and favor：The Chinese power game. *American Journal of Sociology*, 92（4）：944 – 974.

Janssen O. (2000). Job demands, perceptions of effort – reward fairness and innovative work behavior. *Occupational Organizational Psychology*, 73 (1): 287 – 302.

Janssen O. & Yperen N. W. V. (2004). Employees' goal orientations, the quality of leader – member exchange, and the outcomes of job performance and job satisfaction. *Academy of Management Journal*, 47 (3): 368 – 384.

Jeung C. W. & Yoon H. J. (2016). Leader humility and psychological empowerment: Investigating contingencies. *Journal of Managerial Psychology*, 31 (7): 1122 – 1136.

Jiang W. & Gu Q. (2015). A moderated mediation examination of proactive personality on employee creativity a person – environment fit perspective. *Journal of Organizational Change Management*, 28 (3): 393 – 410.

Jones K. (2008). Spiritual leadership: Voices of women community college presidents. Oregon State University.

Joshi A., Pandey N. & Han G. (Helen). (2009). Bracketing team boundary spanning: An examination of task – based, team – level and contextual antecedents. *Journal of Organizational Behavior*, 30 (6): 731 – 759.

Kahn W. A. (1992). To be fully there: Phycological presence work. *Human Relations*, 45 (4): 321 – 350.

Kant I. (1964). The Metaphysical Principles of Virtue (J. Ellington, Trans.). New York: Library of Liberal Arts/Bobbs – Merrill.

King N. & Anderson N. (2002). *Managing Innovation and Change*: A

Critical Guide for Organizations. London: Thompson.

Kim M. &Beehr T. A. (2018). Organization-based self-esteem and meaningful work mediate effects of empowering leadership on employee behaviors and well-being. *Journal of Leadership & Organizational Studies*, 25(4): 385-398.

Kim T. Y., Hon A. H. Y. & Crant J. M. (2009). Proactive personality, employee creativity, and newcomer outcomes: A longitudinal study. *Journal of Business & Psychology*, 24(1): 93-103.

Kirkpatrick S. A. & Locke E. A. (1996). Direct and indirect effects of three core charismatic leadership components on performance and attitudes. *Journal of Applied Psychology*, 81(1): 36-51.

Kirton M. (1976). Adaptors and innovators: A description and measure. *Journal of Applied Psychology*, 61(5): 622-629.

Kleysen R. F. & Street C. T. (2001). Toward amulti-dimensional measure of individual innovative behavior. *Journal of Intellectual Capital*, 2(3): 284-296.

Knight F. H. (1921). *Risk, uncertainty and profit*. Vernon Press.

Koberg C. S. & Ungson G. R. (1987). The effects of environmental uncertainty and dependence on organizational structure and performance: A comparative study. *Journal of Management*, 13(4): 725-737.

Koo M. & Fishbach A. (2012). The small-area hypothesis: Effects of progress monitoring on goal adherence. *Consumer Research*, 39(3): 493-509.

Korman A. K. (1976). Hypothesis of work behavior revisited and an extension. *Academy of Management Review*, 1 (1): 50 – 63.

Krackhardt D. & Hanson J. R. (1993). Informal networks: The company behind the chart. *Harvard Business Review*, 71 (4): 104 – 111.

Ladkin D. & Taylor S. S. (2010). Leadership as art: Theme and variations. *Leadership*, 6 (3): 235 – 264.

Lang J. R. & Lockhart D. E. (1990). Increased environmental uncertainty and changes in board linkage patterns. *Academy of Management Journal*, 33 (1): 106 – 128.

Lawrence P. R. (2010). The key job design problem is still Taylorism. *Organizational Behavior*, 31 (2 – 3): 412 – 421.

Lawrence P. R. & Lorsch J. W. (1967). Differentiation and integration in complex organization in complex organizations. *Administrative Science Quarterly*, 11 (1): 1 – 47.

Lawrence P. R., & Lorsh J. W. (1967). *Organization and environment*. Harvard University: Homewood Richard.

Lavy S. & Bocker S. (2018). A path to teacher happiness? A sense of meaning affects teacher student relationships, which affect job satisfaction. *Happiness Studies*, 19 (5): 1485 – 1503.

Lee J. (2003). An analysis of the antecedents of organization – based self – esteem in two Korean banks. *The International Journal of Human Resource Management*, 14 (6): 1046 – 1066.

Lee J. & Peccei R. (2007). Perceived organizational support and affective commitment: The mediating role of organization – based self – esteem in the context of job insecurity. *Journal of Organizational Behavior*, 28 (6):

661 – 685.

Lee M. S. & Han S. L. (2020). The effects of relationship bonds on bank employees' psychological responses and boundary – spanning behaviors: An empirical examination of the JD – R model. *International Journal of Bank Marketing*, 38 (3): 578 – 599.

Leifer R. & Delbecq A. (1978). Organizational/environmental interchange: A model of boundary spanning activity. *Academy of Management*, 3 (1): 40 – 50.

Leifer R. & Huber G. P. (1977). Relations among perceived environmental uncertainty, organization structure and boundary – spanning behavior. *Administrative Science Quarterly*, 22 (2): 235 – 247.

Liang B., Knippenberg D. V. & Gu Q. (2021). A cross – level model of shared leadership, meaning and individual creativity. *Journal of Organizational Behavior*, 42 (1): 68 – 83.

Liang J., Farh C. I. C. & Farh J. L. (2012). Psychological antecedents of promotive and prohibitive voice: A two – wave examination. *Academy of Management Journal*, 55 (1): 71 – 92.

Liao H., Liu D. & Loi R. (2010). Looking at both sides of the social exchange coin: A social cognitive perspective on the joint effects of relationship quality and differentiation on creativity. *Academy of Management Journal*, 53 (5): 1090 – 1109.

Liao P. Y., Collins B. J., Chen S. Y. & Juang B. S. (2021). Does organization – based self – esteem mediate the relationships between on – the – job embeddedness and job behaviors? *Current Psychology*, *online*.

Lin W., Koopman. J & Wang M. (2020). How does workplace helping behavior step up or slack off? Integrating enrichment-based and depletion-based perspectives. *Journal of Management*, 46 (3): 385–413.

Lind E. A., Greenberg J., Scott K. S. & Welchans. (2000). The winding road from employee to complainant: Situational and psychological determinants of wrongful-termination claims. *Administrative Science Quarterly*, 45 (3): 557–590.

Lips-Wiersma M. & Wright S. (2012). Measuring the meaning of meaningful work: Development and validation of the comprehensive meaningful work scale (CMWS). *Group & Organization Management*, 37 (5): 655–685.

Liu J., Hui C., Lee C. & Chen Z. X. (2013). Why do I feel valued and why do I contribute? A relational approach to employee's organization-based self-esteem and job performance. *Journal of Management Studies*, 50 (6): 1018–1040.

Liu S., Jiang K., Chen J., Pan J. & Lin X. (2018). Linking employee boundary spanning behavior to task performance: The influence of informal leader emergence and group power distance. *International Journal of Human Resource Management*, 29 (12): 1879–1899.

Liu S., Schuler R. S. & Zhang P. (2013). External learning activities and employee creativity in Chinese R&D teams. *Cross Cultural Management-an International Journal*, 20 (3): 429–448.

Lueg R. & Borisov B. (2014). Archival or perceived measures of environmental uncertainty? Conceptualization and new empirical evidence. *European *Management Journal*, 332 (4): 658 – 671.

Luo J. D. & Cheng M. Y. (2015). Guanxi circles' effect on organizational trust: Bringing power and vertical social exchanges into intraorganizational network analysis. *American Behavioral Scientist*, 59 (8): 1024 – 1037.

Luo J. D., Cheng M. Y. & Tian Z. (2016). Guanxi circle and organizational citizenship behavior: Context of a Chinese workplace. *Asia Pacific Journal of Management*, 33 (3): 649 – 671.

Lysova E. I., Allan B. A., Dik B. J., Duffy R. D. & Steger M. F. (2019). Fostering meaningful work in organizations: A multi – level review and integration. *Journal of Vocational Behavior*, 110, 374 – 389.

Malik M. A. R., Arif N. B. & Jin N. C. (2015). Rewards and employee creative performance: Moderating effects of creative self – efficacy, reward importance, and locus of control. *Journal of Organizational Behavior*, 36 (1): 59 – 74.

Manolis C., Nygaard A. & Stillerud B. (1997). Uncertainty and vertical control: An international investigation. *International Business Review*, 6 (5): 501 – 518.

Marjolein L. & Morris L. (2009). Discriminating between 'meaningful work' and the 'management of meaning'. *Journal of Business Ethics*, 11 (88): 491 – 511.

Marrone J. A. (2004). *Cutting across team boundaries: Antecedents and implications of individual boundary spanning behavior within consulting teams*. University of Maryland.

Marrone J. A. (2010). Team boundary spanning: A multilevel review of past research and proposals for the future. *Journal of Management*, 36 (4): 911 – 940.

Marrone J. A., Quigley N. R., Prussia G. E. & Dienhart J. (2021). Can supportive coaching behaviors facilitate boundary spanning and raise job satisfaction? An indirect – effects model. *Journal of Management*, 48 (5): 1131 – 1159.

Marrone J. A., Tesluk P. E. & Carson J. B. (2007). A multilevel investigation of antecedents and consequences of team member boundary – spanning behavior. *Academy of Management Journal*, 50 (6): 1423 – 1439.

May D. R, Gilson R. L & Harter L. M. (2004). The psychological conditions of meaningfulness, safety, availability and the engagement of the human spirit at work. *Journal of Occupational & Organizational Psychology*, 77 (1): 11 – 37.

Mckelvie A., Haynie J. M. & Gustavsson V. (2011). Unpacking the uncertainty construct: Implications for entrepreneurial action. *Journal of Business Venturing*, 26 (3): 273 – 292.

Meglino B. M., Ravlin E. C. & Adkins C. L. (1989). A work values approach to corporate culture: A field test of the value congruence process and its relationship to individual outcomes. *Journal of Applied Psychology*, 74 (3): 424 – 432.

MeGree P. (2003). Is your career your calling? *Black Enterprise*, 18 (2): 96 – 100.

Meyer J. P. & Allen N. J. (1991). A three – component conceptualization of organizational commitment. *Human Resource Management Review*, 1 (1): 61 – 89.

Miles R. E. & Snow C. C. (2003). *Organizational Strategy, Structure and Process*. Stanford University Press.

Miller D. & Friesen P. H. (1983). Strategy – making and environment: The third link. *Strategic Management Journal*, 4 (3): 221 – 235.

Miller J. B., & Stiver I. P. (1997). *The healing connection: How women form relationships in therapy and in life*. Boston: Beacon Press.

Milliken F. J. (1987). Three types of perceived uncertainty about the environment: State, effect and response uncertainty. *Academy of Management Review*, 12 (1): 133 – 143.

Morris J. A., Brotheridge C. M. & Urbanski J. C. (2005). Bringing humility to leadership: Antecedents and consequences of leader humility. *Human Relations*, 58 (10): 1323 – 1350.

Motowidlo S. J. & Van Scotter J. R. (1994). Evidence that task performance should be distinguished from contextual performance. *Journal of Applied Psychology*, 79 (4): 475 – 480.

Muldoon J. E. W., Liguori B. D. & Mclarty. (2013). The moderating effect of perceived job characteristics on the proactive personality – organizational citizenship behavior relationship. *Leadership & Organization Development Journal*, 34 (8): 724 – 740.

Mumford M. D. (2000). Managing creative people: Strategies and tactics for innovation. *Human Resource Management Review*, 10 (3): 313 – 351.

Murray A. (2001). *Humility: The Journey toward Holiness*. Bloomington, MN: Bethany House.

Nelson R. & Winter S. (1982). *An evolutionary theory of economic change*. Cambridge: Harvard University Press.

Nembhard I. M. & Edmondson A. C. (2006). Making it safe: The effects of leader inclusiveness and professional status on psychological safety and improvement efforts in health care teams. *Journal of Organizational Behavior*, 27 (7): 941 – 966.

Nielsen R., Marrone J. A. & Ferraro H. S. (2013). *Leading with Humility*. New York: Routledge Press.

Nietzsche F. (1974). *Beyond Good and Evil: Prelude to A Philosophy of The Future*. New York: Gordon Press.

Nielsen R., Marrone J. A. & Slay H. S. (2010) A new look at humility: Exploring the humility concept and its role in socialized charismatic leadership. *Journal of Leadership & Organizational Studies*, 17: 33 – 43.

Nix G. A., Ryan R. M., Manly J. B. &Deci E. L. (1999). Revitalization through self – regulation: The effects of autonomous and controlled motivation on happiness and vitality. *Journal of Experimental Social Psychology*, 35: 266 – 284.

Norman S. M., Gardner D. G. & Pierce J. L. (2015). Leader roles, organization – based self – esteem, and employee outcomes. *Leadership & Organization Development Journal*, 36 (3): 253 – 270.

Oc B., Bashshur M. R., Daniels M. A., Greguras G. J. & Diefendorff J. M. (2015). Leader humility in Singapore. *Leadership Quarterly*, 26 (1):

68 – 80.

Oldham G. R. & Cummings A. (1996). Employee creativity: Personal and contextual factors at work. *Academy of Management Journal*, 39 (3): 607 – 634.

Oliver C. (1990). Determinants of interorganizational relationships: Integration and future directions. *Academy of Management Review*, 15 (2): 241 – 265.

Osborn R. N. & Hunt J. G. (1974). The environment and organizational effectiveness. *Administrative Science Quarterly*, 19 (2): 231 – 246.

Ou A. Y., Tsui A. S., Kinicki A. J., Waldman D. A., Xiao Z. & Song L. J. (2014). Humble chief executive officers' connections to top management team integration and middle managers' responses. *Administrative Science Quarterly*, 59 (1): 34 – 72.

Ou A. Y., Waldman D. A. & Peterson S. J. (2018). Do humble CEOs matter? An examination of CEO humility and firm outcomes. *Journal of Management*, 44 (3): 1147 – 1173.

Owens B. P. & Hekman D. R. (2012). Modeling how to grow: An inductive examination of humble leader behaviors, contingencies, and outcomes. *Academy of Management Journal*, 55 (4): 787 – 818.

Owens B. P. & Hekman D. R. (2016). How does leader humility influence team performance? Exploring the mechanisms of contagion and collective promotion focus. *Academy of Management Journal*, 59 (3): 1088 – 1111.

Owens B. P., Johnson M. D. & Mitchell T. R. (2013). Expressed humility in organizations: Implications for performance, teams and leadership. *Organization Science*, 24 (5): 1517 – 1538.

Owens B. P., Wallace A. S. & Waldman D. A. (2015). Leader narcissism and follower outcomes: The counterbalancing effect of leader humility. *Journal of Applied Psychology*, 100 (4): 1203 – 1213.

Panaccio A. & Vandenberghe C. (2011). The relationships of role clarity and organization – based self – esteem to commitment to supervisors and organizations and turnover intentions. *Journal of Applied Social Psychology*, 41 (6): 1455 – 1485.

Pedersen T., Soda G. &Stea D. (2019). Globally networked: Interorganizational boundary spanning in the global organization. *Journal of World Business*, 54 (3): 169 – 180.

Peterson C. & Seligman M. E. P. (2005). Character strengths and virtues: A handbook and classification. New York: Oxford University Press.

Petrou P., Bakker A. B. & Bezemer K. (2019). Creativity under task conflict: The role of proactively increasing job resources. *Journal of Occupational and Organizational Psychology*, 92 (2): 305 – 329.

Pfeffer J. & Salancik G. R. (1978). *The External Control of Organizations: A Resource Dependence Perspective*. New York: Harper & Row.

Pierce J. L. & Gardner D. G. (2004). Self – esteem within the work and organizational context: A review of the organization – based self – esteem literature. *Journal of Management*, 30 (5): 591 – 622.

Pierce J. L. & Gardner D. G. (2009). Relationships of personality and job characteristics with organization – based self – esteem. *Journal of Managerial Psychology*, 24 (5): 392 – 409.

Pierce J. L., Gardner D. G., Cummings L. L. & Dunham R. B. (1989). Organization-based self-esteem: Construct definition, measurement, and validation. *Academy of Management Journal*, 32 (3): 622 – 648.

Podsakoff P. M., Mackenzie S. B., Lee J. Y. & Podsakoff N. P. (2003). Common method biases in behavioral research: A critical review of the literature and recommended remedies. *Journal of Applied Psychology*, 88 (5): 879 – 903.

Porath C., Spreitzer G., Gibson C. & Garnett F. G. (2011). Thriving at work: Toward its measurement, construct validation, and theoretical refinement. *Journal of Organizational Behavior*, 33 (2): 250 – 275.

Preacher K. J., Rucker D. D. & Hayes A. F. (2007). Addressing moderated mediation hypotheses: Theory, methods and prescriptions. *Multivariate Behavioral Research*, 42 (1): 185 – 227.

Preffer J. (1972). Size and composition of corporate boards of directors: The organization and its environment. *Administrative Science Quarterly*, 16 (2): 218 – 228.

Priem R. L., Love L. G. & Shaffer M. A. (2002). Executives' perceptions of uncertainty sources: A numerical taxonomy and underlying dimensions. *Journal of Management*, 28 (6): 725 – 746.

Pues C., Wesche J. S., Streicher B., Braun S. & Frey D. (2012). Authentic leadership: An empirical test of its antecedents, consequences, and mediating mechanisms. *Journal of Business Ethics*, 107: 331 – 348.

Ren S. & Chadee D. (2017). Is guanxi always good for employee self –

development in China? Examining non-linear and moderated relationships. *Journal of Vocational Behavior*, 98 (2): 108-117.

Rhoades L. & Eisenberger R. (2002). Perceived organizational support: A review of the literature. *Psychology*, 87 (4): 698-714.

Rodan S. (2002). Innovation and heterogeneous knowledge in managerial contact networks. *Journal of Knowledge Management*, 6 (2): 152-163.

Rogers E. M. & Shoemake, F. (1983). *Diffusion of innovation: A cross-cultural approach*. New York: The Free Press.

Romanowska J., Larsson G. & Theorell T. (2014). An art-based leadership intervention for enhancement of self-awareness, humility, and leader performance. *Journal of Personnel Psychology*, 13 (2): 97-106.

Rosso B. D., Dekas K. H. & Wrzesniewski A. (2010). On the meaning of work: A theoretical integration and review. *Research in Organizational Behavior*, 30: 91-127.

Ryan R. M. & Deci E. L. (2001). On happiness and human potentials: A review of research on hedonic and eudaimonia well-being. *Annual review of psychology*, 52 (1): 141-166.

Salancik G. R. & Pfeffer J. (1978). A social information processing approach to job attitudes and task design. *Administrative Science Quarterly*, 23 (2): 224-253.

Sandage S. J. & Wiess T. W. (2001). Contextualizing models of humility and forgiveness: A reply to Gassin. *Journal of Psychology and Theology*, 29 (3): 201-211.

Schmidt S. M. & Cummings L. L. (1976). Organizational environment, differentiation and perceived environmental uncertainty. *Decision Sciences*, 7: 447 – 467.

Schumpeter J. A. (2002). *The theory of economic development.* MA: Harvard University Press.

Schwartz S. H., Cieciuch J., Vecchione M., Davidov E., Fischer R., Beierlein C., Ramos A., Verkasalo M., Lönnqvist J. E., Demirutku K., Dirilen – Gumus O. & Konty M. (2012). Refining the theory of basic individual values. *Journal of Personality and Social Psychology*, 103 (4): 663 – 688.

Schwartz. (1999). A theory of cultural values and some implications for work. Applied Psychology: *An International Review*, 48 (1): 23 – 47.

Scott S. G. & Bruce R. A. (1994). Determinants of innovative behavior: A path model of individual innovation in the workplace. *Academy of Management Journal*, 37 (3): 580 – 607.

Scott W. R. (1995). *Institutions and Organizations.* Thousand Oaks: Sage.

Senge P. (1997). Sharing knowledge: The leader's role is key to a learning culture. *Executive Excellence*, 14 (11): 17 – 18.

Shalley C. E., Gilson L. L. & Blum T. C. (2009). Interactive effects of growth need strength, work context, and job complexity on self – reported creative performance. *Academy of Management Journal*, 52 (3): 349 – 505.

Shalley C. E., Zhou, J. & Oldham, G. R. (2004). The effects of personal and contextual characteristics on creativity: Where should we go from here? *Journal of Management*, 30（6）：933－958.

Shamir B., House R. J. & Arthur M. B. (1993). The motivational effects of charismatic leadership：A self－concept－based theory. *Organization Science*, 4（4）：577－594.

Sharfman M. P. & Dean J. W. (1991). Conceptualizing and measuring the organizational environment：A multidimensional approach. *Journal of Management*, 17（4）：681－700.

Shirom A. (2011). Vigor as a positive affect at work：Conceptualizing vigor, its relations with related constructs, and its antecedents and consequences. *Review of General Psychology*, 15（1）：50－64.

Sirmon D., G., Hitt M. A. & Ireland R. D. (2007). Managing firm resources in dynamic environments to create value：Looking inside the black box. *Academy of Management Review*, 32（1）：272－292.

Somech A. & Khalaili A. (2014). Team boundary activity. *Group & Organization Management*, 39（3）：274－299.

Sparrowe R. T., Soetjipto B. W. & Kraimer M. L. (2006). Do leaders' influence tactics relate to members' helping behavior? It depends on the quality of the relationship. *Academy of Management Journal*, 49（6）：1194－1208.

Spreitzer G. M. (1995). An empirical test of a comprehensive model of intrapersonal empowerment in the workplace. *American Journal of Community Psychology*, 23（5）：601－629.

Steger M. F., Dik B. J. & Duffy R. D. (2012). Measuring meaningful work：The work and meaning inventory (WAMI). *Journal of Career Assess-*

ment, 20 (3): 322 – 337.

Steger M. F., Pickering N. K., Shin J. Y. & Dik B. J. (2010). Calling in work: Secular or sacred? *Journal of Career Assessment*, 18: 82 – 96.

Stenling A. & Tafvelin S. (2014). Transformational leadership and well – being in sports: The mediating role of need satisfaction. *Journal of Applied Sport Psychology*, 26 (2): 182 – 196.

Stjerne I. S., Söderlund J. & Minbaeva D. (2019). Crossing times: Temporal boundary – spanning practices in interorganizational projects. *International Journal of Project Management*, 37 (2): 347 – 365.

Stobbeleir K. D., Ashford S. J. & Buyens D. (2011). Self – regulation of creativity at work: The role of feedback – seeking behavior in creative performance. *Academy of Management Journal*, 54 (4): 811 – 831.

Sun J., Lee J. W. & Sohn Y. W. (2019). Work context and turnover intention in social enterprises: The mediating role of meaning of work. *Journal of Managerial Psychology*, 34 (1): 46 – 60.

Tan J. & Litschert R. J. (1994). Environment – strategy relationship and its performance implications: An empirical study of Chinese electronics industry. *Strategic Management Journal*, 15 (3): 1 – 20.

Teece D., & Pisano G. (1994). The dynamic capabilities of firms: An Introduction. *Industrial and Corporate Change*, 3 (3): 537 – 556.

Thau S., Aquino K. & Poortvliet P. M. (2007). Self – defeating behaviors in organizations: The relationship between thwarted belonging and interpersonal work behaviors. *Journal of Applied Psychology*, 92 (3): 840 – 847.

Thompson J. D. (1967). *Organizations in action*. New York: Transaction Publishers.

Tims M., Derks D. & Bakker A. B. (2016). Job crafting and its relationships with person - job fit and meaningfulness: A three - wave study. *Journal of Vocational Behavior*, 92 (1): 44 - 53.

Tortoriello M. & Krackhardt D. (2010). Activating cross - boundary knowledge: The role of simmelian ties in the generation of innovations. *Academy of Management Journal*, 53 (1): 167 - 181.

Tsui A. S., Ashford S. J., St. Clair L. & Xin K. R. (1995). Dealing with discrepant expectations: Response strategies and managerial effectiveness. *Academy of Management Journal*, 38 (6): 1515 - 1543.

Tummers L. G. & Knies E. (2013). Leadership and meaningful work in the public sector. *Public Administration Review*, 73 (6): 859 - 868.

Tushman M. L., & Scanlan T. J. (1981). Boundary spanning individuals: Their role in information transfer and their antecedents. *Academy of Management Journal*, 24 (2): 289 - 305.

Vallerand R. J., Blanchard C., Mageau G. A., Koestner R., Ratelle C., Leonard, M., Gagne M. & Marsolais J. (2003). Les passions de lame: on obsessive and harmonious passion. *Journal of personality and social psychology*, 85 (4): 756 - 767.

Vallerand R. J., Paquet Y., Philippe F. L. & Charest J. (2010). On the role of passion for work in burnout: A process model. *Journal of personality*, 78 (1): 289 - 312.

Van Dyne L., Vandewalle D., Kostova T., Latham M. E. & Cummings L. L. (2000). Collectivism, propensity to trust and self-esteem as predictors of organizational citizenship in a non-work setting. *Journal of Organizational Behavior*, 21 (1): 3-23.

Van Vianen A. E. M. V., Shen C. T. & Chuang A. (2011). Person-organization and person-supervisor fits: Employee commitments in a Chinese context. *Journal of Organizational Behavior*, 32 (6): 906-926.

Vecchio R. P. (2000). Negative emotion in the workplace: Employee jealousy and envy. *International Journal of Stress Management*, 7 (3): 161-179.

Vera D. & Rodriguez-Lopez A. (2004). Strategic virtues: Humility as a source of competitive advantage. *Organizational Dynamics*, 33 (4): 393-408.

Waldman D. A., Ramirez G. G., House R. J. & Puranam P. (2001). Does leadership matter? CEO leadership attributes and profitability under conditions of perceived environmental uncertainty. *Academy of Management Journal*, 44 (1): 134-143.

Walker R. M. (2006). Innovation Type anddiffusion: An empirical analysis of local government. *Public Administration*, 84 (2): 311-335.

Walumbwa F. O., Avolio B. J. & Zhu W. (2008). How transformational leadership weaves its influence on individual job performance: The role of identification and efficacy beliefs. *Personnel Psychology*, 61 (4): 793-825.

Wang J., Zhang Z. & Jia M. (2017). Understanding how leader humility enhances employee creativity: The roles of perspective taking and cognitive reappraisal. *The Journal of Applied Behavioral Science*, 53 (1): 5-31.

Wang L., Huang J., Chu X. & Wang X. (2010). A multilevel study on antecedents of manager voice in Chinese context. *Chinese Management Studies*, 4 (3): 212-230.

Wang P. & Rode J. C. (2010). Transformational leadership and follower creativity: The moderating effects of identification with leader and organizational climate. *Human Relations*, 63 (8): 1105-1128.

Weitz J. & Nuckols R. C. (1955). Job satisfaction and job survival. *Journal of Applied Psychology*, 39 (4): 294-300.

Wen Q., Wu Y. & Long J. (2021). Influence of ethical leadership on employee's innovative behavior: The role of organization-based self-esteem and flexible human resource management. *Sustainability*, 13 (3): 1359.

Widmer P. S., Semmer N. K., Kälin W., Jacobshagen N. & Meier L. L. (2012). The ambivalence of challenge stressors: Time pressure associated with both negative and positive well-being. *Journal of Vocational Behavior*, 80 (2): 422-433.

Williams L. J., Cote J. A. & Buckley M. R. (1989). Lack of method variance in self-reported affect and perceptions at work: Reality or artifact? *Journal of Applied Psychology*, 74 (3): 462-468.

Wrzesniewski A., Dutton J. E. & Debebe G. (2003). Interpersonal sense making and the meaning of work. *Research in Organizational Behavior*, 25: 93-135.

Xanthopoulou D., Bakker A. B., Demerouti E. & Schaufeli W. B. (2009). Work engagement and financial returns: A diary study on the role of job and personal resources. *Journal of Occupational and Organizational Psychology*, 82 (1): 183–200.

Yan A. (1999). The Migration of organizational functions to the work unit level: Buffering, spanning and bringing up boundaries. *Human Relations*, 52 (1): 25–47.

Yang H., Peng C., Du G., Xu C. & Lv C. L. (2021). Dual leadership style, team disorder climate and creativity in R&D teams. *Scientific Research*, 39 (7): 1248–1256.

Yoo J., J. Arnold T. & L. Frankwick G. (2014). Promoting boundary-spanning behavior among service personnel. *European Journal of Marketing*, 48 (9/10), 1626–1647.

Zenasni F. & Lubart T. I. (2008). Emotion-related traits moderate the impact of emotional state on creative performances. *Journal of Individual Differences*, 39 (3): 157–167.

Zhang C. Y., Dik B. J., Wei J. & Zhang J. F. (2015). Work as a calling in China: A qualitative study of Chinese college students. *Journal of Career Assessment*, 32 (2): 236–249.

Zhang L., Deng L. Y., Zhang X. & Hu E. (2016). Why do Chinese employees build supervisor-subordinate Guanxi? A motivational analysis. *Asia Pacific Journal of Management*, 33 (3): 617–648.

Zhang Q. & Li J. (2021). Can employee's boundary-spanning behavior exactly promote innovation performance? The roles of creative ideas generation and team task interdependence. *International Journal of Manpower*, 42 (6): 1047–1063.

Zhang Q., Vonderembse M. A. & Lim J‐S. (2002). Value chain flexibility: A dichotomy of competence and capability. *International Journal of Production Research*, 40 (3): 561–583.

Zhang X. & Bartol K. M. (2010). The influence of creative process engagement on employee creative performance and overall job performance: A curvilinear assessment. *Journal of Applied Psychology*, 95 (5): 862–873.

Zhang X. M. & Kathryn M. B. (2010). The influence of creative process engagement on employee creative performance and overall job performance: A curvilinear assessment. *Journal of Applied Psychology*, 95 (5): 862–873.

Zhang Z., Waldman D. A. & Wang Z. (2012). A multilevel investigation of leader‐member exchange, informal leader emergence, and individual and team performance. *Personnel Psychology*, 65 (1): 49–78.

Zhou J. & George J. M. (2001). When job dissatisfaction leads to creativity: Encouraging the expression of voice. *Academy of Management Journal*, 44 (4): 682–696.

Zhou Q. & Hirst G. (2012). Promoting creativity at work: The role of problem‐solving demand. *Journal of Applied Psychology*, 61 (1): 56–80.

附录1 研究一调查问卷量表

变量	题项
控制变量	性别
	直接领导的性别
	年龄
	直接领导的年龄
	学历
	工作年限
	与直接领导共事时间
	目前的职位级别
	目前所在单位的性质
谦逊型领导	我的直接领导会积极地寻求反馈,即使是批评的反馈
	我的直接领导承认他/她有时候不知道该如何做某件事
	我的直接领导承认其他人比他/她拥有更多的知识和技能
	我的直接领导留意他人的优点
	我的直接领导经常赞美他人的长处
	我的直接领导欣赏他人的独特贡献
	我的直接领导愿意向别人学习
	我的直接领导乐于接受他人的观点
	我的直接领导乐于接受他人的建议

续表

变量	题项
基于组织的自尊	我在组织中占有一席之地
	我在组织中是受重视的人
	我在组织中不重要
	组织信任我
	我在组织中是有效率的人
	我对组织有影响力
	我在组织中是有价值的人
	我对组织有帮助
	组织对我有信心
	我在组织中是乐意合作的人
环境不确定性	顾客需求变化很快
	市场上现有产品的过时速度越来越快
	行业内技术变革的速度非常快
	市场竞争状况难以预测
	同行业内的竞争越来越激烈
员工跨界行为	我劝说外界支持我们团队的决策
	我寻找能为我们团队提供创意的外部人士
	我拒绝来自外界的过多要求
	我主动寻求我们领导的意见和支持

附录2 研究二调查问卷量表

变量	题项
控制变量	性别
	年龄
	学历
	工作年限
员工跨界行为 （员工问卷）	我劝说外界支持我们团队的决策
	我寻找能为我们团队提供创意的外部人士
	我拒绝来自外界的过多要求
	我主动寻求我们领导的意见和支持
工作意义感 （员工问卷）	我所做的工作对我非常重要
	我的工作对我个人来说是有意义的
	我在这份工作上所做的一切是值得的
	我的工作对我来说很重要
	我认为我的工作本身是有意义的
	我觉得我的工作是有价值的
员工创新绩效 （领导问卷）	该员工开发出组织有用或原创性的新思想、方法和产品
	该员工开发出组织适用性和实用性的新思想、方法和产品
	该员工具有很强的创造性

续表

变量	题项
团队差序氛围 （员工问卷）	我的主管与团队中个别下属接触和互动很频繁
	我的主管与团队中的固定亲近的下属分享他的想法和做法
	在团队中，我的主管的决策会受到与主管较为亲近的同事会的影响
	在团队中，我的主管与个别下属感情亲密
	我的主管会通过较为亲近的下属传递信息
	在团队中，我的主管有特别信任的下属
	团队主管对下属的待遇差别比较大
	本团队成员升迁受到与主管关系亲密的影响
	主管会把自己私人的事情交给个别亲近的下属处理
	主管会让和自己关系亲密的下属协助解决例行工作
	主管会让他信任的下属代行主管部分职务

后　记

不知不觉已在山西财经大学工作了7年之久。在这7年里，似乎一直在教学和科研之间寻找一个平衡点，尤其是作为一名青年教师，常常会有顾此失彼的感觉。平时除了备课、上课之外，投入时间最多的莫过于科研。但遗憾的是，到目前为止，本人天性愚笨，即使在许多前辈的学术指引下，都没有值得骄傲的成果，常常在失落又重新鼓起勇气之间徘徊。因此，常常告诉自己"尽人事，听天命"，在内心寻求一份自我安慰。

当然，功不唐捐。笔者近几年一直在申请课题、写作、投稿，在2017年获得了教育部人文社会科学研究青年项目之后，于2021年又获得了教育部的规划项目，2022年9月份又拿到了国家社会科学基金一般项目；2018年出版了一本专著；中英文论文也有不断的发表，学术的积累越来越多。此外，本人所带的研究生能在指导下发表核心论文，和学生共同成长、有所收获，更值得开心。有了这些前期的基础和积累，带研究生也越来越轻车熟路，我想学术之路会朝着好的方向进一步发展。

上述成果的取得并不是本人独自完成的，这离不开工商管理学院各位领导和老师的无私帮助与指导，也离不开我们团队研究生的团结与协作。首先，感谢学院提供的良好工作环境，工商管理学院是一个温暖的大家庭，科研氛围越来越浓厚，在这里能够安心上课做科研，是一件十分幸福的事情。其次，感谢教育部和学校提供的资助，本书是在教育部人文社会科学规划项目和学校工商管理一级学科"1331"工程的资助下得以出版的，希望学校乃至全国的工商管理学科再上新台阶。此外，本书在文献综

后　记

述写作、问卷调查、参考文献和文字校对等部分离不开贺伟、谢佳、李冉、刘文茹、李博等几位研究生的帮助，在此表示感谢。最后，还要感谢家人在生活方面提供的保障，让我少了很多后顾之忧，能够安心教学科研。

金秋十月，硕果盈枝。本书的出版既是对过去研究的一个复盘总结，也是对未来研究的一个美好期待。我将满怀感激和信心，昂首阔步地走向未来。

张　征

2022 年 10 月 23 日于中正睿城